武当武术大典

武当三十二势长拳

金一明 著
蒋剑 整理

长江出版传媒
Changjiang Publishing & Media
湖北科学技术出版社
HUBEI SCIENCE & TECHNOLOGY PRESS

图书在版编目(CIP)数据

武当三十二势长拳 / 金一明著. — 武汉 : 湖北科学技术出版社, 2017.8

ISBN 978-7-5352-9700-6

Ⅰ. ①武… Ⅱ. ①金… Ⅲ. ①长拳—套路(武术) Ⅳ. ①G852.121.9

中国版本图书馆CIP数据核字(2017)第234474号

责任编辑: 谭学军　徐　竹　　　封面设计: 曾雅明

出版发行: 湖北科学技术出版社　　　电话: 027—87679468
地　　址: 武汉市雄楚大街268号
　　　　(湖北出版文化城B座13—14层)　　　邮编: 430070
网　　址: http://www.hbstp.com.cn

排　　版: 湖北桑田印刷策划有限公司　　　邮编: 430070
印　　刷: 武汉中科兴业印务有限公司　　　邮编: 430071

700×1000　1/16　8印张　160千字
2019年4月第1版　　　2019年4月第1次印刷

定　　价: 28.00元

《武当武术大典》编辑委员会

自序

余幼时肄业于省立第八中学，林师小圃，担任体育教授，兼授拳术，一时莘莘学子，眉飞色舞，于体育一门，特见焕发。每于夕阳西下时，辄见碧草如茵之操场中，诸同学三五成群，跳跃腾踔，互相跌蹼，以显其天然活泼之精神。噫！回首当年，此情此景，如在目前；而岁月催人，曾几何时，均分道扬镳，各谋生计；欲其相聚一堂，再从事于拳术工夫，已不复覯矣。然余于林师所授之三十二势长拳，尚了了于心中。尝于惜余春酒家，遇师时，谈及手法腿法，议论风生，声惊四座，他人均目为狂放不羁之士，从旁窃笑，而余与师自若也。兹值国术昌明之际，吾师语余曰：“涤尘师授汝之‘六通短打’，汝已编著印行，何于余之‘三十二势长拳’，独未编述？”余答曰：“唯！行将绘著，以告国人，共睹吾师身手。”十八年春，著手编纂，凡三月书成，付之剞劂。吾师名作霖，体魄魁梧，英气勃勃，幼精拳勇，游学东瀛，旁通经史，兼擅词章，为吾扬先进中之杰出，因练手有功，其拳大逾常人，世人多尊之为林大拳，师亦乐人为之称道也。

中华民国十八年三月扬州金一明氏序于绿杨织锦轩中。

扫码观看三十二势长拳演示视频

目 录

第一章　缘　起

余于拳术，研究有年，所得甚寡。民国四年，曾与郭兄粹亚，同著《石头拳术及三义刀》，复自著《武当秘诀及六通短打》等籍。近因国府委员钮永建、张之江及李景林先生，提倡国术，一时练习技击知余名者，咸来问讯，远溯宗派源流，近论各国技艺，互相砥砺，颇资谈助。按拳术当以华陀为开山始祖。华陀传于世者，有五禽图：曰虎、曰鹿、曰熊、曰猿、曰鸟。其后分为外内二家：外家以达摩禅师为祖，内家以张三丰为祖。达摩派有五拳：龙、虎、豹、鹤、蛇。张三丰有五字：劲、紧、近、急、切。世称外家曰少林派，内家曰武当派。少林派以调呼吸，练百骸，进退敏捷，刚柔相济为主。武当派则以强筋骨，运气功，静以制动，犯则立仆为主。武当脱胎于少林，少林得法于禽经。少林寺建于后魏太和年间，在河南登封县西北少室山北麓，武当山在湖北均县之南。少林派自达摩而后，沙门以技击显者，有寺僧昙宗、洪蕴禅师、觉远上人、一贯禅师、澄隐上人、火工头陀。武当派自三丰而后，以余所知者，如关中王宗、温州陈氏、张松溪、单思南、王征南、黄百家，多为史籍所不载，经史所不传，遂令良法美术，黯然无光。时至今日，研究国术者，几无所考据；议论纷纭，有谓宋太祖为少林始祖，则谓赵匡胤挟有奇技，秘不示人，醉后与群臣具言其奥蕴，寻悔之，又不欲食言，卒置书于少林寺神坛中，其术遂传于少林。此说甚荒诞，原不足记述；如不记述，后世阅之，更增疑窦。按宋太祖传于世者，为三十二势长拳。但本篇已非宋太祖之三十二势矣，其说见下。且少林不自宋代始著盛名，隋唐之世，即负声誉。隋大业中，曾以寺僧拒流寇万余，以拳术得名。厥后师弟相承，其名益显，唐时寺僧昙宗佐太宗平王世充乱，有功者十三人。

其后僧徒咸习武事，以技击名。是少林派，得名在宋代之先，若谓自宋太祖始，自不免明版《康熙字典》之诮。此宜辩明者一也。世有投机书贾，将戚元敬之拳经中三十二势，绘印成书，颜其名曰“宋太祖三十二势长拳”以图渔利。按宋太祖之三十二势长拳，久经失传，该书所绘之图者，确为纪效新书中之三十二姿势，三十二姿势，能编演成拳者，固不乏人。若询其拳名，无不众口一辞曰：“宋太祖三十二势长拳。”殊不知戚继光，是择其各拳中之善者，成为三十二势，实非宋太祖昔曰之三十二势长拳。此宜辩明二也。观其拳经捷要篇中之言曰：“拳法似无预于大战之技，然活动手足，惯勤肢体，此为初学入艺之门也，故存于后，以备一家。”学拳要身法活便，手法便利，脚法轻固。进退得宜，腿可飞腾。而其妙也，颠起倒插；而其猛也，披劈横拳；而其快也，活捉朝天；而其柔也，知当斜闪。故择其拳之善者，三十二势，势势相承，遇敌制胜，变化无穷，微妙莫测，窈焉冥焉，人不得而窥之，谓之神。俗云：“拳打不知。”是迅雷不及掩耳，所谓不招不架，只是一下，犯了招架，就有十下，博记广学，多算而胜。古今拳家，宋太祖有三十二势长拳，又有六步拳、猴拳、化拳，名势各有所称，而实大同小异。今之温家七十二行拳、三十六合锁、二十四弃探马、八闪番、十二短，此亦善之善者也。吕红八下虽刚，未及绵张短打。山东李半天之腿，鹰爪王之拿，千跌张之跌，张伯敬之打，少林寺之棍，与青田棍法相兼；杨氏枪法，与巴子拳棍，皆今之有名者。虽各有所取，然传有上而无下有下而无上，就可取胜于人，此不过偏于一隅。若以各家拳法兼而习之，正如常山蛇阵法，击首则尾应，击尾则首应，击其身，则首尾相应。此谓上下周全，无用不胜。大抵拳棍刀枪，叉耙剑戟，弓矢钩镰，挨牌之类，莫不先有拳法活动身手。其拳也，为武艺之源。今绘之以势，注之以诀，以启后学。既得艺，必试敌，切不可以胜负为愧为奇，当思何以胜之，何以败之，勉而久试，怯敌还是艺浅，善战必定艺精。古云：“艺高人胆大，信不诬矣。”又曰：“余在舟山公署，得参戎刘草堂打拳，所设犯了招架，便是十下之谓。此最妙，即棍法中之连打是也。”观于此篇者，即可证明戚元敬之三十二姿势，与宋太祖之三十二势长拳，不属一脉，更可知矣。世人目元敬拳经，而为太祖长拳，岂不大误。不仅此焉，甚至谓内家专于内功，外家专于外功，岂不更误，按内外两家各有各派拳法之特长，各有各家内外功之练法。外家之称，系指方外而言，不是指定外功而论。内家之称，系指在家而言，亦非指定内功而论。本篇因鉴于拳经中之姿势，未标明手足之回环，阅者莫明底蕴，用将吾师之身手，加以虚线套图，公诸同好；世人谓之为宋太祖长拳可，戚元敬长拳亦可，其中对于内外各家拳法，有美皆收，内外行功，一炉共冶。若询余三十二势，属于内家欤？抑外家欤？余亦不能自辨，良由吾国国术，沉沦已久，经史子集，均鲜记载，散漫无稽，人言各异。今仅就所知，略言梗概，仍祈海内方家，多方采辑，俾吾国拳术，得以阐扬，后起诸贤，藉资考据，则幸甚矣！

第二章　拳术之发源

拳术为人类与其他动物争存之本能。人类初生，长不及龙蛇，猛不及虎豹，而其所以能占有平壤之土地，日耕畎亩，夜宿房廊，其初莫不赖有拳术之进化，始得驱龙蛇而放之海，驱猛兽而放之山；卒至优胜劣败，北拒猃狁，南逐苗猺，奄有华夏，垂传迄今，又何日何时，不与毒蛇猛兽强邻壮敌相决角，以竞生存哉？谓拳术为人类之本能，固无不可；谓拳术为争存之良方，亦无不可。吾人朝于斯，夕于斯，而独不回溯前人搏击争存之技能，数典忘祖，能不为识者所窃笑乎？吾故于拳术，不厌求详，用彰其技也。

今以拳术二字之名称而论，是仅指手足之动作而言，若以国术二字而论，则包有刀枪器械，各种技击在内。一为狭意，一为广意，判若云泥，是为吾人不可不知者。若言广意，则神奇工巧，各有专长，难以概论；以言狭意，派别虽分，摘精取华，试取重要数字，即可窥见一斑。拳术重要者为何？即手、眼、身、腰、步，识、胆、气、劲、神，十字是也。至于其中之变动，虚虚实实，机巧百端，姿态万别，仍非著者所能道其万一也。

第三章　有形无形说

拳术有有形无形之别：有形者，支撑格拒，姿势回环，晨夕琢磨，授受尚易；若无形者，则仅能意会，不能言传，即使耳提面命，亦难收如臂使指之功，盖不在传授之功深，而视习者之智识。有形者何？即手眼身腰步是也。无形者何？则识胆气劲神是也。一指外部之动作而言，一指内部之灵机而论。外部之动作，可由学而知之；内部之灵机，则非求学所能蒇事。姑将十字不同之点，略为分别言之：聊作同志者研究拳术之一助云尔。

1. 手之作用

手之作用，占拳术的重要部分。因拳术为手上功夫，包罗肘拳掌指各部在内。手法之多，罄南山之竹，不能尽书。然无论何种作用，不外高挑平冲，低砍直斫，擒拿点戳，虚实吞吐而已。善用其手者，出没无常，循环变化，或挑或格，或砍或斫，回吞出吐，虚实莫测，亦若雨洒征衫，无从遮掩，使其眼花神乱，遂我手到功成。总之，格拒招拦，转圜如意，起落迅速，来去如风，作用如此，方臻其妙。

2. 眼之作用

谚云：争场之上，须耳听八方，眼观四面，用尖锐之目光，视敌人之意向，伺隙蹈瑕，乘机而起，皆限之作用也。世有拳术名家，视敌左肩一偏，即知其必发右腿，右手一扬，即防其必发左拳，虽临时或有变更，但胸襟已有见地。他若观风望色，见景生情，彼如强壮，我走偏门；我较彼强，始走洪门；视其眸子，彼注我左，防其左攻；彼注我右，知其右击，张口之拳，其劲必松；闭口之拳，其劲必足；左腿在前，防其后足，后足既来，备其再攻；是皆在眼能明察之功效也。

3. 身之作用

身为四肢之主，实为拳击之的；无冲锋克敌之技能，有斜偏闪让之功用；左回右转，俯仰低昂；挺吸吞吐，镇静雍容；不同手足之劳勤，觉有指挥之能力；其身左闪，宜备右攻；其身右让，谨防左击；回身之拳，其力必猛；翻身之脚，来势逾雄；身蹲者，其气必蓄，低攻应知其变；身立者，其气已张，高击须知其势；探身之拳，其臂必较直立稍长；回身之肘，其劲自比拳击更利；身之作用，略志于斯。

4. 腰之作用

肩宽腰细，必系素练拳功；吸腹柔腰，自是幼精技击；若屈蠖之回环，使手足能相应者，皆腰之作用也。迂回折曲，欹传弯斜，联络上下，首尾相衔，束之则气沉于丹田，提之则劲注于肩臂。练功之时，务求柔软如绵；练拳之时，方能起顿得势；颠起倒插，运用自如；踊跃挪移，具能应变；若铜丝界于上下之间，似弱柳舞于桥梁之畔；虽无击敌之功，悉赖补充之力，是腰之作用也。

5. 步之作用

步之作用，占拳术重要之部位，跳跃起落，进退封逼；可吞可吐，能守能攻；虎蹲猿跃，各有专长；鹘落鹰扬，难言其状；带铅者，能拔足飞腾，踢树者，能碾人致命；不仅前伸后发，还可逼迫连施；或则左偷右进；兼能开合自如；以敏捷为主体，合腰肩为步骤；沉静之时，守如处女；追逼之势，出如脱兔；马裆可换浮力为实力，鹤步能运行功于周身；变化多端，翻腾莫测，拳术虽为手上功夫，然得力于步法巧妙之处者多矣。

6. 识之作用

弱者我知其能逼，强者我知其宜防。何以知其属弱属强？是非在于智识之辨别不可。练功于拳掌者，其手臂必较常人粗粝，练功于腿足者，共步法必较常人轻固；精于外壮者，其体质必魁梧；神于内功者，其筋络多干枯；矮小之人，防其用腿；昂藏大汉，必惯使拳；见其姿势，即知破其法门；发我手足，还当顾我周身；遏隙即攻，见空必补；争场之上，生命俄顷；毫芒之间，胜负可定；是在智识之高低耳。

7. 胆之作用

见其有隙可趁，而不敢攻；知其有空可进，而不敢近，是皆胆怯之害也。胆小即无致果之心，胆大能胜兼人之技。恐怖于中，必畏缩于外；敌乘其怯，必攻击其虚；我见其虚，反攻其怯；转败为胜，反弱为强。

世有泰山崩于前而色不变，麋鹿兴于左而目不瞬，视白刃如不见，聆枪炮若不闻，不屈不挠，勿疑勿虑，原半由于艺高人胆大，然亦恒见技小胆泼者，尝击败技高胆小之人矣。胆之作用，对于拳术，岂不伟哉？

8. 气之作用

技击一道，气沉者胜，气浮者败。收拳之始，吸气为佳；发拳之时，吐气为妙。运之则奔行于周身，蓄之则坟隆于一处。击之不能伤，推之不能去，提之则来，放之则散，若离若合，能聚能分，苟无气行筋络之间，则拳击之处必无劲。是虽见其有隙可乘，敢于发手进攻，而气不能蓄，只有坐误其时机，实深可惜。故古今拳家，首重练气，则能收能发，用之不竭，藉以持久，庶可从容应付，以免气喘上浮之弊，故亦应当注意者也。

9. 劲之作用

气有沉浮之别，劲有乘蓄之分：乘劲之拳，推托牵挽；蓄劲之拳，冲砍披劈。吸劲紧拳，一紧即发，使敌劲不及提，我拳已逼近；吐劲发手，一发即收，使敌不及来，我拳已变化。开而复合，吐而复吞，集于手掌之间，能与金石争硬度；抛于拳脚之外，亦有风刺能伤人。一指之微，能蓄全身之劲；两方角逐，全仗乘劲之机。势若点水之蜻蜓，而力可透诸肺腑；形同离弦之箭羽，而锐可贯达人身。劲之作用，宜悟得之。

10. 神之作用

临场之时，神清者技必精；遇敌之际，神昏者艺必浅。以面迎敌，头动吾知其必欲转身，此识之能力也。以背向敌，风来吾知其发手，此神之作用也。阅其神情，即知其动作，察其态度，即识其方针，料其姿势之变更，卜其快慢之行止，犹小而言之。枰棋之士，能预看数着之多；打拳名家，亦可预算未来之势。是在博学广记，熟极而流，自能得心应手，心感神悟，而入于神化之境；又非纸上空谈，所能领略者矣。

第四章　合作功效总论

表现于外者，吾知其为手眼身腰步；运用于内者，吾知其为识胆气劲神。各部之作用，固不可不知；合作之功效，尤不可不讲。拳术者，系合手法、眼法、身法、腰法、步法，五种作用而成；兼合识力、胆力、气力、劲力、神力，五者互相运用。打拳者，宜快不宜迟，故要手到、眼到、身到、腰到、步到，同时并须识到、胆到、气到、劲到、神到。虽有一瞥之间，而各种之机能，同时工作，敌人之情形，此后之变化，本身之地位，进攻之计划，随时设想，随时变换，即行分发，不容稍俟停滞，并须继续进行。五官监用者，不足譬其快，四肢运动者，亦难比其忙。左右前后，一气呵成，上中下三庭，通盘算到。尚不仅争场如是，凡拳术名家，行起坐卧，彼之脑海中，无时无刻，不有一敌人在其前，与之支撑格拒，虽一举一动，亦不使稍有疏虞，亦若十日所视，十手所指。设有不幸，为人击仆，则半世英名，付诸流水。其留心焉如此，其谨慎焉如此，或以余言太过，噫！不登泰山，不知山之高也；不观大海，不知水之深也；不专心于拳功，不知技击之难也。若以寻常视之，拳之为术者，亦不过手眼也、身腰也、步法也、胆识也、气劲也、神智也，纵有分工合作之功能，充其效验之所至，亦不过有兼人之力，十人之敌，匹夫之勇而已，又何奇技之足称哉？难然，争城夺地，两军相搏，一夫跃登，千人竞上，一鼓作气，万众争先，若以匹夫之勇，与常人相比试，显我身手，自属庸中之佼佼者。聚亿万之拳师，而与邻国相抗衡，斩将搴旗，岂非铁中之铮乎？匹夫之勇，原无与于经纶之大业，合亿方之匹夫，自克收众志成城之效，一技一术，关系如此之巨，岂不大哉？即以个人而论，身体有强弱，智识有敏钝，手足有快慢之分，见地有不同之处；一技之成，各有心得，一术之微，各有深浅；山有泰岳，水有海洋，物有麟凤，人有高低；手眼身腰步同时并用者，固已能称名家；识胆气劲神同时运用者，方算技击上乘。是非一日之功，一时之效，所能领会斯旨。务宜艰苦卓绝，毋懈毋弛，破生死之关，养浩然之气，参透其中妙谛，始得集技艺之大成。闻之达摩悟道，面壁十年；勾践复仇，训练念载；切忌为山九仞，一篑功亏，辍业半途，入门复弃。值此外交棘手之时，武装和平，均力国际，端赖本能。而况东邻注意山东，觊觎已非朝夕。齐鲁为技击之乡，此曰故宫禾黍；燕赵多慷慨悲歌之士于今靡有孑遗。是用鸡鸣戒旦，人怀敌忾之心，击楫中流，共抱澄清之志。齐运男儿身手，譬同陶侃百甓之劳；砥砺精神，用备最后五分钟之战局。尚冀群策群力，共济艰辛。故不仅在个人之练习手眼身腰步，与识胆气劲神合作之功效而已焉。著者之初衷如此，愿与同志共相勉励云。

第五章　内外功分解

谚云："力不打拳，拳不打功。"是精于力者，不及精于拳，精于拳者，不及精于功，何谓精于力？贩夫农人，有担负之力，载重远行，拳家不能。此力之作用，苟使与拳家交手，几如无所措手足，未有不颠蹶失败者。由于持久之能力虽有，而不能运用于四肢，仅供肩任之能，不知应敌之法，此力不打拳之明证也。何谓拳不打功？具敏捷之身手，灵活之腰步者，以击笨夫，直如摧枯拉朽；以击拳家，亦以游刃有余；以击内功之人，则如蜉蝣之撼大树。其拳非不巧也，其劲非不专也，奈终归于失败。猱猿见噬于虎豹，非跳跃灵敏之不如，乃系内壮坚劲之不若，此拳不打功之明证也。兹将练功之法，约略言之。练功之法，分轻硬二门：硬功练法，有用揉法者，有用打法者，有用药丸者，有用煎洗者，皆可令筋骨刚劲，皮肤坚固。世又分为内壮外壮二门：内壮练法，则为揉打与服药；外壮练法，则为练势与煎洗；此皆属于硬功一门。又有练轻功者，如跳树、带钱、跃桩、走索，其法植一小树，逐日跳之，日久自能踪高；编钱为带，逐月加重，除之自能跃远。植木桩若干于地面，奔跑于其上，以练准力；系线索一根，步履于其间，以练巧力。又有谓内可分轻软二门：软者不练身轻，仅求体柔，此皆属于轻功一门。当今之世，练轻功者少，练硬功者多，吾其略于轻功，从而研究内外壮之方也可。

第六章 练内壮法

练硬功者曰："练拳仅能引气入四肢，不能引气入骨髓，气动则外行，气静则内运。"故练内壮者，其先不练劲于手足之间，仅凝神于胸腹之处；不提劲于四肢，仅守气于胁肋两旁。练内壮之法，外资于揉捣，内资于药力，行功之时，先服药丸，然后行功，两相凑合，乃为得法。其药用人参、甘草、白术、当归、川芎、地黄、白芍、朱砂、野蒺藜、白茯苓，共碾为丸，练时先服。由正月行功，初用揉法，解襟仰卧，拣择少年童子三四人，更迭揉之，一取力小，揉推不重，一取少年，血气壮气。按手于心之下，脐之上，以掌自右向左揉之，徐徐往来，力宜均匀，勿过轻，勿离皮而游移，斯为合格。当揉之时，心宜内观，着意守中，存想勿忘，意不外驰，则精气神皆附注一掌之下，是为真正火候。若守中纯熟，揉推均匀，正揉之时，竟能熟睡，最为妙境，胜于醒守也。如此揉捣，约经一时，或以大香二炷记之，早晚共行三次，日以为常，如少年火盛，只宜早晚二次，恐其太骤，致生他虞。行功既毕，静坐片时，再行兴起。二月行功：天气阳和，可用排打，因初功已行一月，气已凝骤，渐觉气海宽大，腹之两旁，筋皆腾起，各宽寸余，用气努之，硬如木石，便为有验。两肋之间，自心至脐，软而有陷，此则是膜，掌揉不到，不能腾起，此时应于前所揉一掌之旁，各揉开一掌，仍如前法徐徐揉之。其中软陷处，须用木杵轻轻拍打，久则膜皆腾起，皮肉与筋骨齐坚，全无软陷，始为全功。日行三次，亦以二香为度。三月行功：行功以满两月，其间陷处，至此略起，乃用木槌轻轻打之，两旁所揉，各宽一掌之处，都用木杵捣之。又于其旁，至两肋，再各开一掌，如法揉之，准二香为度，日行三次。四月行功：功满三月，其中三掌，皆用槌打，其外二掌，先捣后打，日行三次，仍依二香为准。功逾百日，则气满筋坚，膜皆腾起，是为有验。五、六、七、八月行功法：功逾百二十日，心下两旁至肋梢，除揉捣外，复取水中极小精圆鹅卵石子，缝入腰圆布袋中摔打，不可打及四肢，因此时乃内壮外壮分界之期，打膜皆起，至胁至肋，均为骨缝之交，能于此时不向外引，则其积气向骨中行矣。气既循捣打之处，逐路而行，则当从心口上打至颈，又从右肋梢上打至胸，更从左肋梢上打至肩；然后始用揉，次用捣，复用打，周而复始，不可倒行。如此复百二十日，则气满前胸，任脉充盈，功将半矣。九、十、十一、十二月行功法：行功二百四十日，前怀气充，则宜运入脊背，以充督脉，从前之气，已上肩颈，今自右颈侧，上至玉枕，又从左肩，由颈侧上至玉枕，又转从玉枕下至夹脊，再从夹脊下至尾闾，处处如前揉法捣法打法，一一行之，周而复始不可倒行。脊旁软处，仍揉以掌，且更密密捣打揉打，前后周而复遍，再用手搓揉，石袋抛摔，令其匀润，如此复百二十日，则周身气满，任督二脉充盈矣。我国古时，战争之法，将先兵后，历代英雄名将，拔山举鼎力敌千人，虽由天生之体魄并须有锻炼之行功，决胜疆场，始能立于不败之地。迨至近今之世，战术改良，兵先将后，以致重枪炮而不重行功，古法沉沦，体育退化，身弱形衰，胆虚气怯，西人目为东亚病夫，良有以也。本章为昔人练内功之良法，特述而存之，俾世人亦可稍睹一斑云。

第七章　练外壮法

精于内壮行功，练外壮则非常容易，凡足以提劲于四肢者，均足以练成外壮，如舞石担、抛石锁、打沙袋、翻铁杠，均可注劲力于四肢，活血气于手足。盖由骨力坚凝，将其引达于外，内有根基，由中引外，本属顺势。若先练外壮，后练内壮，则为逆势。练外壮之法：世有易筋经十二势（名《易筋经外壮图说》，吞气提劲，数字加紧，一字一紧，四十九字，字毕换势。其第一势，面东立正，注劲腕底，加紧下按。第二势，身体依旧，掌变为拳，提劲紧握，大指上翘。第三势，大指握在掌内，注劲臂胳，加紧挺直。第四势，两臂平伸，双肘微曲，相离尺许，注劲于肘。第五势，双臂直竖，虎口向后，膀不贴头，两拳加紧。第六势，双拳对耳，离约一寸虎口向肩，提劲一回，双肘向后一次。第七势，双手平分，与肩相齐，虎口向上，提劲一次，双拳向前一紧。第八势，双拳向前平伸，两肘不曲，拳拳相近，加紧数字。第九势，两拳收回，虎口向下，节骨朝上，屈贴喉下，数字加紧。第十势，上臂平分，与肩相齐，下膀上竖，与头相平，虎口对耳，数字加紧一次，双肘似想向前一回。第十一势，上势演毕，拳翻向下，虎口朝内，离脐一寸，每数一字，双拳一紧，演毕之后，吞气三口，咽液三回，送至丹田。第十二势，双拳放下，双掌前托，两臂挺直，加紧一次，足跟一起，以助其力，演毕吞气咽液如前，然后两拳，同时向上旋转，由外落下，运动三次，左右两肘，互换下扎，各运三回，左右两足，互踢三次，行功已毕，逐日三次，身强体壮。又有八段锦练外壮功古法，有诀八句，每一句势，曰："两手托天理三焦，左右开弓似射雕，调理脾胃须单举，五劳七伤望后瞧，摇头摇尾去心火，背后七颠百病消，攒拳怒目增气力，两手攀足固肾腰。"日行三次，久久成功，力充周身，照势取劲，无不响应，骨紧筋坚，骇人听闻。或曰："内壮既成，任意行功，悉从其便。若在园林大树之下，或推或拉，或踢或拔，若在深山大石之旁，或扳或按，或推或挽，时常行之，均能练成外壮。"谚云："久炼成钢，世有棍打不能伤，刀砍不能入，虽说仅能当御，而不经切磨，然亦与铁骨铜筋相比并矣。"

第八章　拳功并练法

拳术之中，手捶脚踢，身窜步跳，本含有轻硬诸功在内。古人立法，根本良善，原不欲再分别序述。然世有谓拳功不并行之说，此说也，现已为人打破。打破其说者之言曰：“拳术中实包有轻硬两功在内，练功不及练拳。”然此说仍未尽是。又有谓拳为功之皮毛，功为拳之骨格，是分出拳仍为拳，功仍为功，二者不并立矣。此说虽未可厚非，不仅拳功不并立，且轻硬两功不能并练。因练硬功者，欲其体壮身强，练轻功者，欲其身灵体便，一系取其坚凝，一系取其轻巧，判若云泥。欲其二者得兼，似乎甚难。然黄衫容挟李益而飞檐，昆仑奴盗红绡而走壁，疾如飞隼，翩若惊鸿，甲士围之不能伤，弓矢射之不能中，若非兼擅轻硬两功，何克臻此。由此观之，轻硬两功，一人之身，可以兼练。然轻硬两者，虽可兼事练习，惟于时间，不能并进。倘如并进，则犹之一脚踏两船头，反有害而无益。以愚之经验所知，欲求两者兼能，应分先后年度。更宜先练硬功，使体魄魁梧，再练轻功，使劲肉收紧，先张而后缩，其劲蓄而不分，始放而后收，其气聚而不散。苟二者练成，不学拳，拳亦练在其中矣。或曰：“硬功练成，不能防御手枪炸弹，轻功练成，不能追及汽车飞艇，即虽具有拔山举鼎之能，飞檐走壁之技，力敌千人，身轻一叶，均无补于事实，所学非所用，拳功二字，又何足称哉”余曰：“不然，拳功并重，昔为冲锋战斗而设，今日练习拳功者，不仅用于御敌疆场短刃相接，尚可倚为强国保身之利器。”敬蒋智为梁任公序中国武士道之言曰：“文明其精神，不可不野蛮其体魄。”余谓有野蛮之体魄，而后始有精神文明之作用也。吾国昔时考步马刀弓石以博功勋者，重在练功，近世重识胆气劲神以讲武术者，重在练拳，如本篇之三十二势长拳，分之可以练功，合之可以练拳。闻之练拳未有不练功者，如不练功，则风絮水萍，足跟无力。是以练功一法，亦未便缺如。兹就势论势，将各势练功之法，分图注述，亦各势之基本教练也。附练功歌诀如下：

【三十二势练功歌诀】

三十二势，势势相承，
练拳练功，二者兼能。
宜先练功，足步有根，
然后练拳，一气呵成。
练拳要连，练功要分。
一势一练，定气平神，
提劲四肢，行气周身，
练功之法，四段可分：
逐日两次，均二时辰，
毋稍间断，日久功深。
一字一紧，八字一更。
腾挪闪让，格拒支撑，
功拳并练，龙行虎奔。
各势俱熟，拳法入门。

按三十二势，自明戚继光发明后，风行海内，已历有年。坊间因纪效新书多载战术，不便携阅，特将拳经捷要刊成小本，曰打拳谱，习者甚众。且有未阅其书，仅得传三四姿势者，逐日练习，亦能强健身体，与古人练字，得帖本断简残篇，朝夕临摹，亦能神化者，同一理也。

评曰：三十二势长拳，可练硬功，如猴拳则可练轻功，八仙拳、十八跌，则含有轻硬两功在内。唯软功一种，取其身肢柔软，属于轻功之类，而介于拳功之间，是亦不可忽之。

第九章　长拳要旨

拳术分大架与小架二种，三十二势长拳，为大架中之一种。其中劲着，多横砍直劈，体质强壮者练之最宜，身躯较弱者，习之亦能强健。唯练习之时，须揣度此着如何变势，如何击敌，并招拦格架，腾挪闪让诸法门。出手须锋荆，发脚须迅快，拳足要送到，撇捺要分清，身势勿摇，声色不动，勿拳拳想击敌命中，勿腿腿想踢中伤人，勿奢望太盛，勿自恃逞能，虽说发扬蹈厉，要在神清气沉。若以全力击人，尤须均匀身势，苟属有机可乘，毋庸稍事犹疑。先从练功入手，基本巩固，方能旋转自如，随机应变，循序进行。日久功成，自能趣神入化，而达极峰之顶矣。

第十章 图解说明

1. 本篇将戚继光拳经捷要中三十二势之歌诀，载列于内，俾阅者明瞭起见，故一一加以注解，并由郭君、粹亚加以评语，尤觉显明。

2. 本篇首绘三十二势，专为练功之用，并一一说明练功之形势，及行、功、换、劲、紧、近、急、切八字之用法。逐一按图练功，自可换浮力为实劲。

3. 拳术中系用连环套图，以虚点为未变影图，以实线为已变姿势，以虚线为来回之线索，以→为送达之止点，再假设方向，指定身手应向何方，以免错误。

4. 本篇拳图共六十余图：上路三十二势，系顺序变换；下路三十二势，系错落相连。自知未能尽善，阅者谅之。

第十一章　三十二势练功图解

第一势

名称：懒扎衣

诀曰：懒扎衣，出门架子，变下势，撒步单鞭。对敌若无胆向先，空自眼明手便。

解曰：不须找扎长衫，取其潇洒自如。发手锋辣，敌不易防。左腿向前，即变撒步；右步向前，即是单鞭。临场之时，细心泼胆，眼既要明，手更要快。

懒扎衣姿势图

练功：立稳身躯，劲贯肩臂，暗数八字，一字一紧。八字为何？曰：行、功、换、劲、紧、近、急、切。

评曰：懒扎衣，起手势，变化动作，层出不穷。

第二势

名称：金鸡独立

诀曰：金鸡独立颠起，装腿横拳相兼，抢背卧牛双倒，遭着叫苦连天。

解曰：左足立，右足悬，势如鸡立。发腿发拳，上下随便，翻身向后，左右均能用肘。抢背卧牛，两势尤宜，任他好汉男儿，打着均皆叫苦。

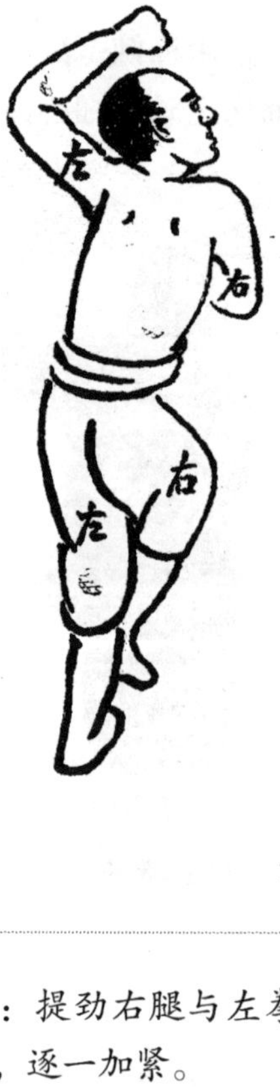

金鸡独立姿势图

练功：提劲右腿与左拳，蓄气于右肘，攒拳怒目，似若鹰瞵。暗数八字，逐一加紧。

评曰：悬脚独立，腿拳两便，侧身取势，犯则遭击。

第三势

名称：探马

诀曰：探马传自太祖，诸势可降可变。进攻退闪弱生强，接短拳之至善。

解曰：宋太祖三十二势长拳中已有此势流传。无论何种拳势，不及此势锋利，进则可攻，退则可闪，视之甚弱，实则柔里有刚。既为长拳之妙着，亦属短打之佳拳。

探马姿势图

练功：蓄气于左膝左肘，着力于右拳右足。默数八字，经劲功提。
评曰：势若牵缠，拳臂高扬，可进可退，变化难防。

第四势

名称：拗鞭

诀曰：拗单鞭，黄花紧进，披挑腿，左右难防。抢步上拳连劈揭，沉香势，推倒泰山。

解曰：拗单鞭，用连枝交叉步法，急速前进，能踩能踢，上下左右，敌不易防。双手齐到，左砍右撩，沉香下压，兼用猛虎推山。

拗鞭姿势图

练功：气沉丹田，劲贯双臂，数字运功，身步勿动。
评曰：手足相应，势如拗鞭，旋转轻便，奥妙深潜。

第五势

名称：七星拳

诀曰：七星拳，手足相顾，挨步逼，上下堤笼。饶君手快脚如风，我自有，搅冲劈重。

解曰：两肘不离胸，快如流星赶月。交叉步、偏身急进，手到足到，上下相随，任他花拳绣腿，我能挑劈拦冲，如风扫叶。

七星拳姿势图

> 练功：气活四肢，劲提拳指，身轻足便，缓步而前，一字一停，挨步逼进。

第六势

名称：倒骑龙

诀曰：倒骑龙，诈输佯走，诱追入，遂我回冲。恁伊力猛硬来攻，怎当我连珠炮动。

解曰：意欲翻身碾步，形像腰转头回，诱敌来攻，即行变势。任他体壮身强，不及我连环巧打。

倒骑龙姿势图

练功：右肘右膝，气势深藏；左膊右腿，功劲提足；回腰数字，吐气冲拳。

评曰：如翻身棍，如回马枪，若遭反击，其势难当。

第七势

名称：悬脚虚饵

诀曰：悬脚虚饵，彼轻进，二换脚，决不饶轻。赶上一掌满天星，谁敢再来比拼。

解曰：悬其右足，以待敌来，彼若进前，左足即发，势若连珠，中则必重。若再撤步向前，左手探肩一掌，击其面门，则血染面门，俨如星布，问其再敢交手否？

悬脚虚饵姿势图

> 练功：提劲左腿，贯气左拳；右拳虚饵，右腿佯悬；数字勿动，功行偏身。
>
> 评曰：虚饵发腿，诱敌进身，撤手砍拳，击其面门。

第八势

名称：邱刘

诀曰：邱刘势，左搬右掌，劈来脚入步连心，挪更拳法探马均，打人一着命尽。

解曰：势名邱刘，其力如牛，左格右推，左足插入，右脚踢心。其中变化，与探马大同小异，即此一着姿势，发手中人致命。

邱刘姿势图

练功：气劲全贯四肢，不须挪移走步，连数七字而后，右拳发出，就势回身。

评曰：势若探马，手脚相连，遇敌来攻，恁我捶拳。

第九势

名称：下插

诀曰：下插势，专降快腿，得进步，搅靠无别，钩脚锁臂不容离，上惊下取一跌。

解曰：左拳向下猛扎，右拳防其再攻，踢则砍拳，蹲则斫足，撒步进前，两膀绞花，撩压搅靠，脚可钩，臂可锁，顾下则上来，顾上则遭跌。

下插姿势图

练功：气须下沉，注劲双肘，数字提功，不必换势。

评曰：上虚下实，使敌莫测，钩锁连施，插入跌出。

第十势

名称：埋伏

诀曰：埋伏势，窝弓待虎，犯圈套，寸步难移，就机连发几腿，他受打必定昏危。

解曰：势如张弓等虎，来则入我牢笼，抬步转身发腿，左右逼迫连施。挑肾囊，踢小腹，不容闪避，中则昏迷。

埋伏姿势图

练功：提劲肩臂，运气身腰，一字一转身，紧松拳上分。两腿不必移动，双肘一屈一伸。

评曰：跪步回身，原不惊人，敌如轻进，欲退无门。

第十一势

名称：抛架子

诀曰：抛架子、抢步披挂，补上腿，那怕他识。右横左踩快如飞，一掌不知天地。

解曰：抛架子，似已不成姿势，抢步上前，披胸劈面，拳打不防，腿法莫测。右步可横，左足可踩，左掌击面，中则天昏地暗。

抛架子姿势图

练功：提劲右拳，气贯左腿，数字加紧，血活周身。
评曰：抛架待敌，势若扬鞭，左采右横，手灵腿便。

第十二势

名称：垫肘

诀曰：垫肘势，防他弄腿，我截短，须认高低。膀打推压要皆依，切勿手脚忙急。

解曰：右膀可伸可屈，左拳垫在肘下，脚来拳斫，认定高低，照势变势，势扎推压，无所不可。心定神清，自不忙急。

垫肘姿势图

练功：劲贯双肘，气沉丹田，数字凝神，随机换步。

评曰：拳去难防，腿来莫测。手肘相连，锋利无匹。

第十三势

名称：撤步

诀曰：撤步，随机应变，左右腿，冲敌连珠。恁伊势固手风雷，怎当我闪惊巧取。

解曰：撤步当前，机变多端，左右两腿，前封后扫，眼随手转，手步相随，虽遇能拳快手，亦可当场取胜。

撤步姿势图

练功：左边气行，右边劲贯，撤步轻移，按字更换。

评曰：撤步封逼，闪惊巧取，拳到脚到，身轻势固。

第十四势

名称：擒拿

诀曰：擒拿势，封脚套子，左右压，一如四平，直来拳，逢我投活，恁快腿，不得通融。

解曰：鹰爪擒拿，世称绝技，步步踏地连枝，上下均能相称，兼可压击，与四平同功。拳如直来，顺手牵羊，任他腿快，难以过门。

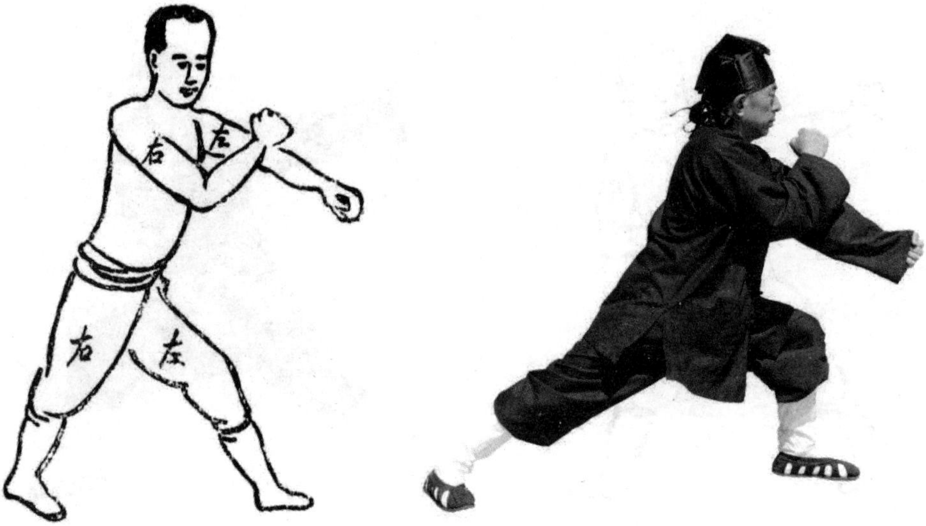

擒拿姿势图

练功：功行四肢，越缓越妙，精思入微，熟能生巧。
评曰：擒拿姿势，软抓硬踢，手来手封，脚来脚踢。

第十五势

名称：中四平

诀曰：中四平，势实雄固，硬攻进，快腿难来，双手逼他单手，短打以熟为乖。

解曰：架落高低得中，双手上下砍截，肘膝肩腿齐用，硬力巧打难攻。此是平拳之妙着，还须熟练为宜。

中四平姿势图

练功：拳足加紧，肩腰相乘，吸气提功，吐气发劲。
评曰：软进硬攻，身势适中，双手封逼，拳利如锋。

第十六势

名称：伏虎

诀曰：伏虎势，侧身弄腿，但来凑我前撑，看他立踮不稳，后扫一跌分明。

解曰：少林身手，伏虎降龙，侧身矮势，后来拳砍，前击低冲，任他势固气雄，左旋右扫，跌入枯树盘根。

伏虎姿势图

练功：劲提腰臂，左虚右实，数字行功，一字一紧。
评曰：形如伏虎，势若游龙，腿法变化，扫去如风。

第十七势

名称：高四平

诀曰：高四平，身法活变。左右短，出入如飞，逼敌人，手足无措，恁我便，脚踢拳捶。

解曰：左足进步，可交兽头虚饵，回身可变跨虎骑龙，前撩能指裆，偏砍能下插，转身能伏虎，低身能鬼蹴。身势活泼，各势能变，用以击人，无往不利。

高四平姿势图

> 练功：贯劲两拳，数字加紧，一次一嘘气，八字缓缓行。
> 评曰：气壮胆雄，待敌来攻，身法活变，周身拳功。

第十八势

名称：倒插

诀曰：倒插势，不与招架，靠腿快，讨他之赢，背弓步进莫迟停，打如谷声相应。

解曰：敌走偏门，抢打前进，不与招架，回身单肘，平击其胸。快腿不停留，使其不防备。肘穿若箭，臂曲如弓，击中其身，声如响谷。

倒插姿势图

练功：气提腰颈，劲贯单肘，四字一换，左右咸宜。
评曰：不招不架，只须一下，打他过门，心惊胆怕。

第十九势

名称：井栏

诀曰：井栏四平直进，剪臁踢膝当头，滚穿劈靠抹一钩，铁样将军也走。

解曰：拦截来拳，左砍右挑，肘臂相连，横拳即变四平，进步即成撒步，可剪可踢，任他力猛如牛，打着也须逃走。

井栏姿势图

练功：贯力肩膀，行气腿足，数字提功，咽液入腹。
评曰：手法回环，如井有栏，防其用腿，踢膝剪臁。

第二十势

名称：鬼蹴

诀曰：鬼蹴脚，抢人先着，补前扫转上红拳，背弓颠连，披揭起，穿心肘，奥妙难传。

解曰：抢先发手，探身蹴脚，手补其前，足扫彼右，转身撒拳打他面，背弓颠连击其心，连披带揭，妙法无穷。

鬼蹴姿势图

练功：劲提手足，气沉腰腹，数字行功，势名鬼蹴。
评曰：如鬼蹴脚，补前扫后，背弓颠连，回身击肘。

第二十一势

名称：指裆

诀曰：指裆势，是个丁法，他难进，我好向前，踢膝滚错上面，急回步，颠起红拳。

解曰：左横右直，丁字步法，他难进门，我易活变。偏身向敌，足对其裆，发手击人，上砍下挑。足踢膝磕进前，滚肘回身击面，撒手颠起一拳。

指裆姿势图

练功：劲在右腕，气蓄左拳，行功紧字，不须俄延。
评曰：丁步指裆，手步相连，敌无可乘，我能前进。

第二十二势

名称：兽头

诀曰：兽头势，如牌挨进，恁快脚，遇我慌忙，低惊高取他难防，接短披红冲上。

解曰：抡拳进逼，左右互行，脚来可踩可扫，拳去奔腹奔胸，左虚右实，使他难防，右虚左实，冲上难当。

兽头姿势图

练功：劲在两拳，按字向前，四字转身，加紧缠绵。
评曰：右臂屈曲，左臂后扫，猛虎抬头，撩拳上挑。

第二十三势

名称：神拳

诀曰：神拳当面插下，进步火焰攒心，遇巧就拿就跌，举手不得容情。

解曰：砍拳由上下轧，进步贴近前冲，倘遇巧打进门，顺手牵使旁跌，举拳击其背胁，撒手自不留情。务宜左手牵彼左手，右腕握彼右拳，门户在此，腰步相连。

神拳姿势图

练功：劲发肩臂，一拉一砍，一挑一冲，同时互换。

评曰：上掩下插，拳收掌铡，进步擒拿，神出鬼没。

第二十四势

名称：一条鞭

诀曰：一条鞭，横直披砍，两进腿，当面伤人，不怕他，力粗胆大，怎敌我，巧打通神。

解曰：直砍横披，箭步前进，随机变势，与抛架同功，与撒步仿佛。巧打通神，自不怕他胆大；腾挪闪撇，更何惧其力粗。

一条鞭姿势图

练功：劲紧两拳，身步不动，数字暗想，切齿提功。

评曰：单鞭横扫，左右咸宜，转身换手，披砍边施。

第二十五势

名称：雀地龙

诀曰：雀地龙，下盘腿法，前揭起，后进红拳，他退我虽颠补，冲来短当休延。

解曰：右腿弯，左腿直，前揭后扫，右拳前挑。敌如向后我进前，彼若前来我脚悬，诱其冲入，肘击休延。此是下盘腿法，颠补扫踢相连。

雀地龙姿势图

练功：全劲在两腿，提气上两肩，八字分上下，身步匆转旋。
评曰：以腿下击，以手前攻，左右兼顾，拳足用功。

第二十六势

名称：朝阳手

诀曰：朝阳手，偏身防腿，无缝锁，逼退豪英，倒插势，弹他一脚，好教师，也丧声名。

解曰：单凤朝阳，左掌直举，彼如腿来，身势可偏，右手内防，左手外攻，无缝可入，逼他不敢向前，回身我可发肘，顺势弹他一脚，任你英雄豪杰，也要丧却声名。

朝阳手姿势图

练功：劲提左腕，气蓄右拳，一字一紧，八字相连。

评曰：单掌朝阳，上下能防，攻守两便，姿势雄壮。

第二十七势

名称：雁翅

诀曰：雁翅侧身挨进，快腿走不留停，追上穿庄一腿，要加剪劈推红。

解曰：侧身目标甚小，偏进气压稍微，逼步挨身似箭，连枝走不留停。近敌先发右腿，左右两手，一虚一实，手步相随，剪劈推冲击敌。

雁翅姿势图

> 练功：劲提两膀，活软腰臂，左右换翅，步法不动，数字运功。
> 评曰：侧身进取，腿法连枝，左右活步，进退咸宜。

第二十八势

名称：跨虎

诀曰：跨虎势，挪移发脚，要腿去，不使他知，左右跟扫一连施，失手剪刀分易。

解曰：左足向左碾发，右足由右翻前，足步挪移，其快如风，回身发腿，人莫能测，左勾右扫，连施而前。若无手法，则如刀剪分开，不能制胜矣。

跨虎姿势图

练功：身步不动，提气腰肩，劲注右腿，按字加紧。
评曰：形同跨虎，腰转头回，敌若来追，就势碾腿。

第二十九势

名称：拗鸾肘

诀曰：拗鸾肘，出步颠剁，搬下掌，摘打其心，拿鹰捉兔硬开弓，手脚必须相应。

解曰：肘不离身，腿快步紧，击敌之拳，刚在他力前，贴敌之掌，柔在他力后，自能或推或摘，挑打咸宜。可变鹰爪擒拿之势，可换鹘落捉兔之形，右牵左撇，手步相随。

拗鸾肘姿势图

练功：劲贯双肘。左上右下，一字一换，按字加紧。
评曰：辗转翻腾，上挑下轧，步法绞花，前后能发。

第三十势

名称：当头炮

诀曰：当头炮，势冲人怕，进步虎，直撺两拳。他退闪，我又颠踹，不跌倒他也枉然。

解曰：迎面披砍，左右能冲，声势逼人，进步如虎，两拳上下能撺。敌如闪避，我即颠踩上前。练势千着，一熟为先，一着能精，便可得手。

当头炮姿势图

练功：两手高低，一字一换，缓缓行功，逐字加紧。
评曰：左臂如弓，右臂如矢，弓矢当头，连发不止。

第三十一势

名称：顺鸾肘

诀曰：顺鸾肘，靠身搬，打滚快，他难遮拦。复外绞，刷回拴，肚搭一踢，谁敢争前。

解曰：蓄劲防身，乘劲击敌，靠身之肘，压磕滚捞，离身之臂，兜搭绾插，宜快不宜迟，使他难招架。可以外绞，可以回刷，得劲之时，发他一腿，打跌出门，还敢比否？

顺鸾肘姿势图

练功：气沉丹田，劲注双肘，一字一紧，姿势不动。
评曰：肘不离身，长拳短打，马步势稳，气沉腹下。

第三十二势

名称：旗鼓

诀曰：旗鼓势，左右压进，近他手，横劈双行，绞靠踢人人识得，虎抱头，要躲无门。

解曰：左肘抬起，右肘曲贴，一高一低，搴旗击鼓，左压右进，轧劈连施；犹恐敌人认识，双拳撞击，势如猛虎抱头，他虽能偏闪撇让，既贴近，难找生门。

旗鼓姿势图

练功：全不用劲，气运周身，一字一步，听其分行。

评曰：手能势，脚能冲，可练拳，可练功。

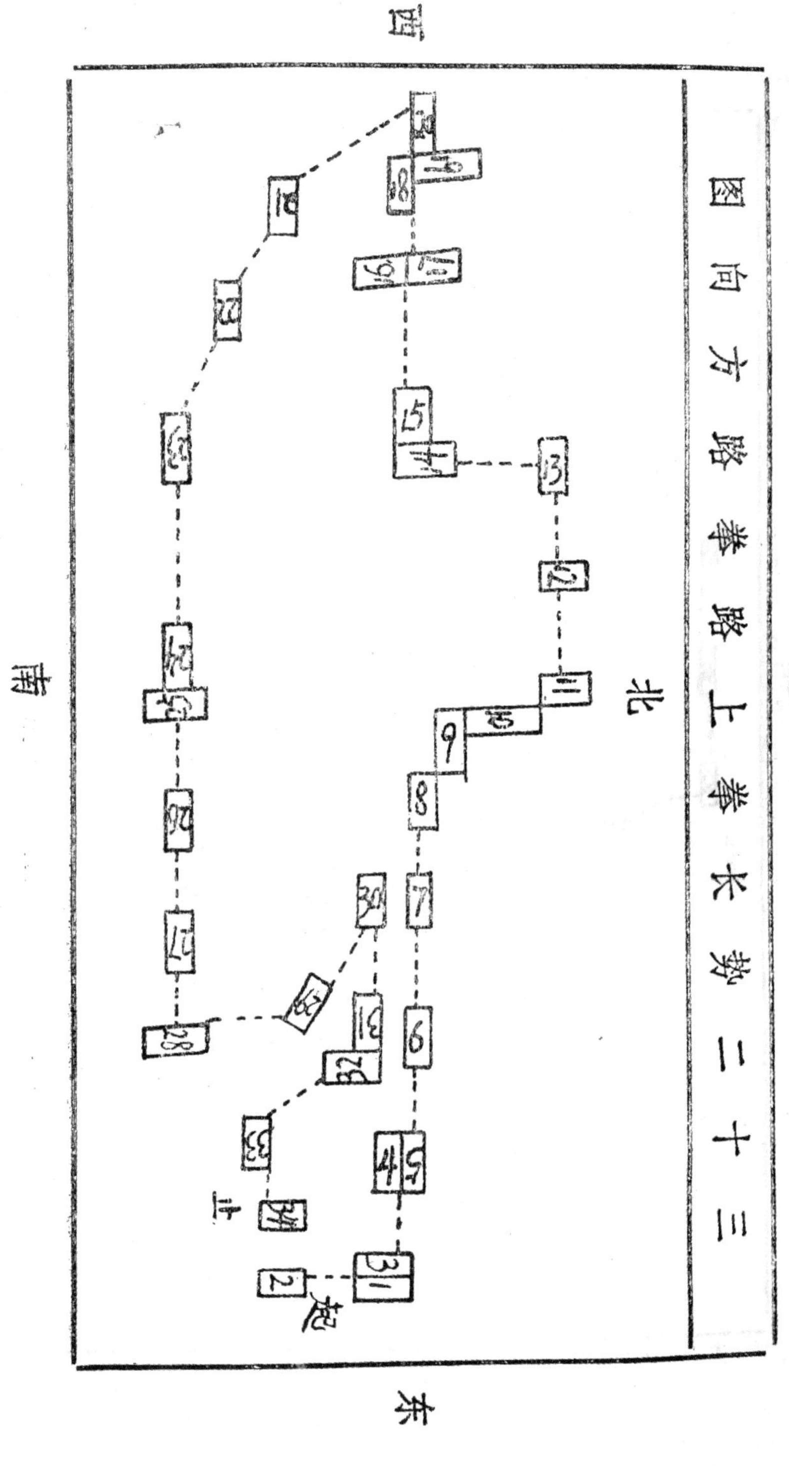
三十二势长拳上路拳路方向图
西
南
北
东
起
止

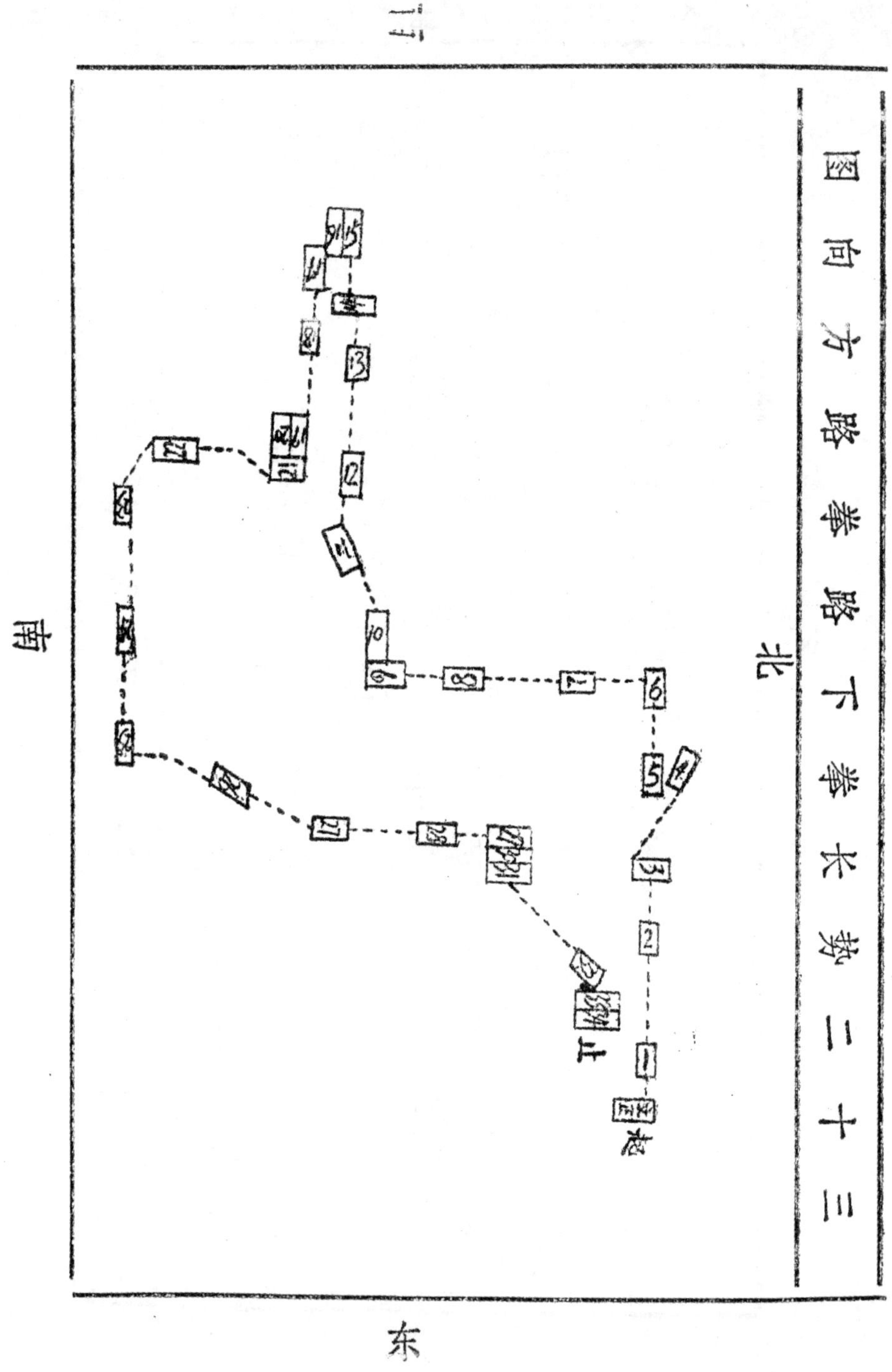
三十二势长拳下路拳路方向图
北
南
东
西
起
止

第十二章　三十二势长拳上路图解

第一势

名称：立正变请手

立正姿势，面目前视，全体挺立，两足成八字形，足跟并紧，握左掌，紧曲成拳，曲贴左胸旁。右手抬起，掌心落在左拳第三节节骨之上。已成请手，由左磨向右方，眼光亦同时旋视一周，身步不动。此是拳家临场，表示歉忱之意。

方向：假定面北背南，左西右东。

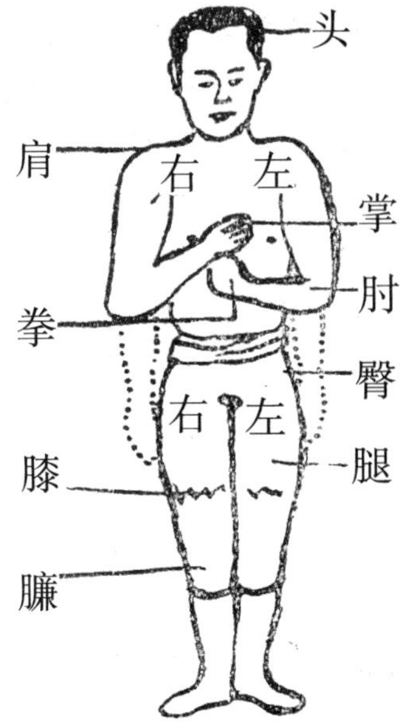

立正变请手姿势图

第二势

名称：请手变懒扎衣

右足向后退一步，左足随之后退，两腿仍如前势并立；同时左手向后作撩衣式，右掌变拳由右下方扎撩向后，拳抬与肩相平，虎口朝前，拳心向下，眼光前视，身腰挺直。

方向：面北背南，左西右东。

请手变懒扎衣姿势图

第三势

名称：懒扎衣变金鸡独立

左足向前方一步，右足随之悬起，足尖向下，足跟屈贴于左膝右旁；同时左手成拳撩起向上，屈竖于左上方，虎口遥对左额角，拳心朝前，肩肘拳适成三角形，右拳由上下磕，屈贴胸前，拳心向内，眼光右视。

方向：前北后南，左西右东。

懒扎衣变金鸡独立姿势图

第四势

名称：金鸡独立变探马

右足落下，左足向左一步，身腰左转，成左弓右箭式。同时右拳向右上方，托击成冲天拳，虎口向后；左拳向左落下，左肘向后，拳贴左腰，拳心向上，眼光前视。

方向：左转身，前西后东，左南右北。

金鸡独立变探马姿势图

第五势

名称：探马变拗鞭

就原势，两足跟齐磨，翻身右转向后，步成交叉式。同时右拳向右后下方直砍，落下微垂，膀臂挺直，拳心向下；左拳直向左前上方劈击，虎口朝上，眼光前视。

方向：原地右转大翻身，前东后西，右南左北。

探马变拗鞭姿势图

第六势

名称：拗鞭变七星拳

右足先向右后方一步，同时身腰右转，左足再跃前一步；膝微曲，跟光前视；右拳撩起，由腹前翻上，向右前方砍击。同时左拳由左上方向右方斜劈，两肘并曲，拳心互对，虎口向胸。

拗鞭变七星拳姿势图

第七势

名称：七星拳变倒骑龙

右足向前跃进一步，左右两拳由上向右下方砍击，同时左足跃向前方一步，成左弓式，身腰向左扭转，眼光向左后方注视。同时两拳由右下方前挑，向左后方倒劈，右拳曲贴胸旁，左拳在左后方伸直，虎口朝上。

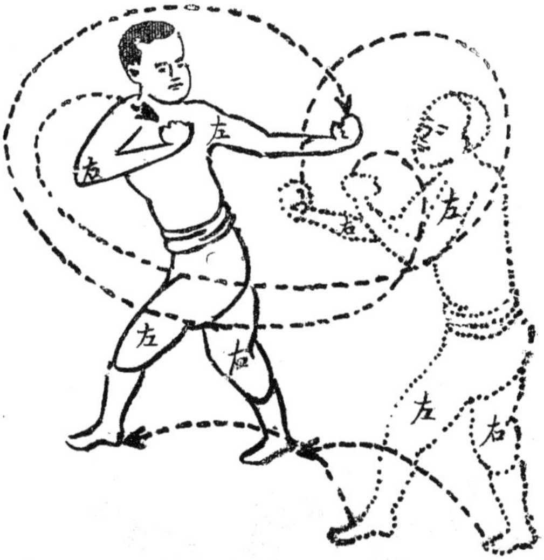

七星拳变倒骑龙姿势图

第八势

名称：倒骑龙变虚饵

身腰右转，眼光前视，同时右腿向前直踢，收回曲悬匆落。右拳由左上方向右平方披击，左拳未动，此时两臂挺直与肩相平。

倒骑龙变虚饵姿势图

第九势

名称：虚饵变邱刘

右足点地，身腰左转，复向左一步，成右弓左箭式。左拳由怀内下轧，撩起直竖于左上方，成冲天拳；右拳收回，曲肘向后，拳贴胁旁，虎口向上，眼光前视。

虚饵变邱刘姿势图

第十势

名称：邱刘变下插

左右两足就原地向左齐磨，身腰左转，蹲下成马裆步。同时左拳由上向左下方斜斫，右拳由上右砍，眼光左视。

方向：前北后南，左西右东。

邱刘变下插姿势图

第十一势

名称：下插变埋伏

右足向左前方跃进半步，左足不动，全体下蹲，右膝曲，左膝跪，同时右拳向右后下方扫击，左拳撩起，屈肘曲置左上方，拳心朝外，虎口向下，同时身腰扭转向右，眼光右视。

方向：“腿”左南右北，“拳”左西右东。“身”朝北背南，“面”朝东，“头”北。

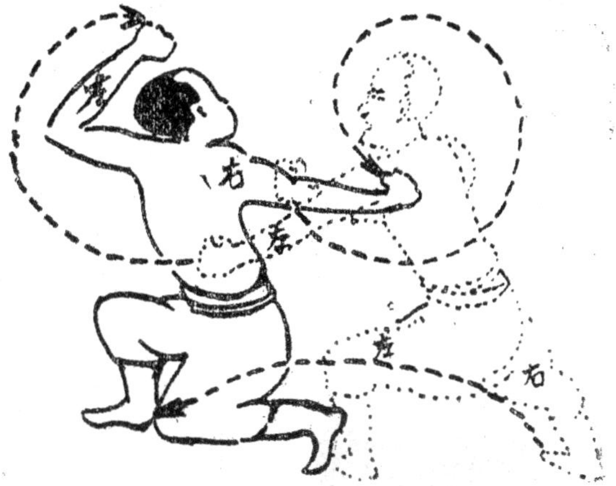

下插变埋伏姿势图

第十二势

名称：埋伏变抛架

身体立起，眼光左视，左足向前一步，右腿挺直，左拳落下，肘曲当胸，拳贴右肋，同时右拳由左前方撩起向右上后方抛击，肩臂相平。

方向：前北后南，左西右东。

埋伏变抛架姿势图

第十三势

名称：抛架变垫肘

右足向左前方跃进一步，身腰左转，同时右拳向左前方劈击，左手左足均不动。眼光前视。

方向：前西后东，左南右北。

抛架变垫肘姿势图

第十四势

名称：垫肘变撤步

右足向左后方退一步，同时身腰左转，左足再向左边横退一大步；同时左拳撩上收回曲藏身后，右拳翻上向右平方砍击，与肩相平，眼光随拳右视。

方向：前南后北，左东右西。

垫肘变撤步姿势图

第十五势

名称：撒步变擒拿

右拳由右下方左挑转向右平方横砍，同时身腰随之右偏，左拳随之右斫，曲肘勿伸，拳心朝内，步法不动，两足微移，眼光右视。

方向：前西后东，左南右北。

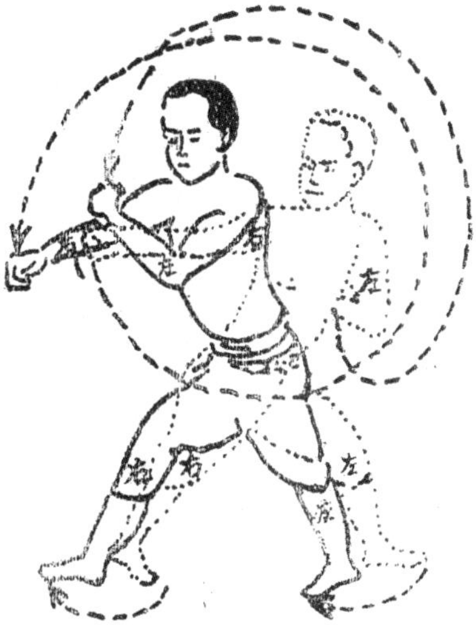

撒步变擒拿姿势图

第十六势

名称：擒拿变中四平

左足跃前一步，右足随之跃进，身腰蹲下，成马裆势；同时左右两拳由左向上下撇，向右前方撩冲，两肘微曲，眼光随拳右视。

方向：前南后北，左东右西。

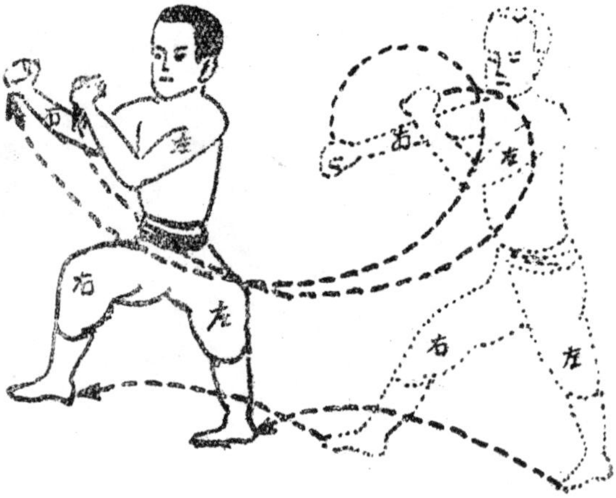

擒拿变中四平姿势图

第十七势

名称：中四平变伏虎

左膝跪落，身腰左转，左拳由上向左后下方砍击，右拳下格翻上，曲肘斜竖于右上方，虎口遥对顶门，眼光向左后方注视。

方向：前南后北，左东右西。

中四平变伏虎姿势图

第十八势

名称：伏虎变高四平

身腰右转，两腿立起，左足前进一步，左拳向前撩击，眼光前视，同时右拳内砍向右斜外方撇击，两臂平伸，全体挺立。

方向：前西后东，左东南，右西北。

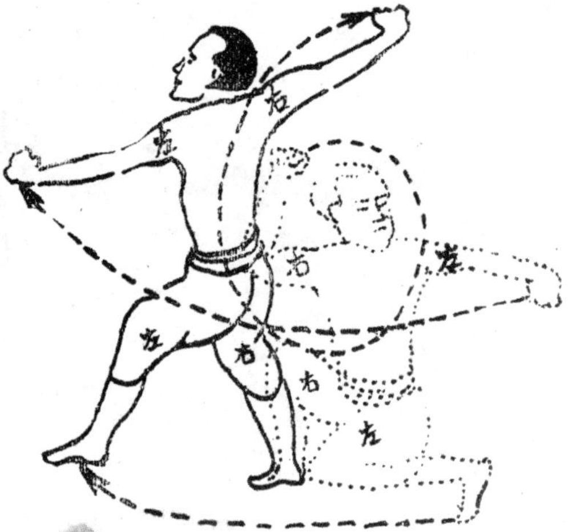

伏虎变高四平姿势图

第十九势

名称：高四平变倒插

两足跟右磨，身体右转，左腿挺直，左膝微曲，同时左拳微抬，右拳曲贴右胸，右肘向右后方倒击，眼光随肘注视。

方向：前北后南，右东左西。

高四平变倒插姿势图

第二十势

名称：倒插变井栏

两足同时向左齐磨，身腰左转，左拳由下挑上向左上方劈击，肘角微曲；同时右拳向右下方斜砍，随势转身，屈肘迎胸，两肘相对如抱月形，眼光随拳前视。

方向：前西后东，左南右北。

倒插变井栏姿势图

第二十一势

名称：井栏变鬼蹴

左足向左后方碾出，身腰左转，右足随之前蹴，后臀下坐；同时右拳变掌，向前猛推，左拳向左后方横扫，左腿曲藏，右腿挺直，胸部前倾，眼光前视。

方向：前东后西，右南左北。

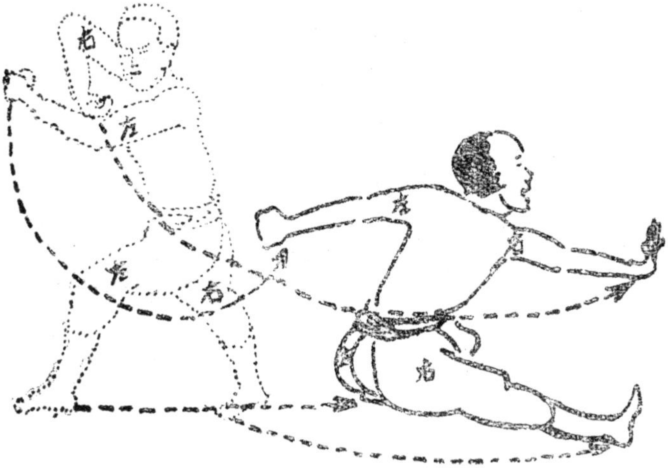

井栏变鬼蹴姿势图

第二十二势

名称：鬼蹴变指裆

右足向前落实，身腰立起，左足向前一步，成左弓式，右掌变拳，曲肘向后，拳贴右腰；同时左拳变掌，劲提左腕，向左前方直切，眼光注视左手。

方向：前东后西，右南左北。

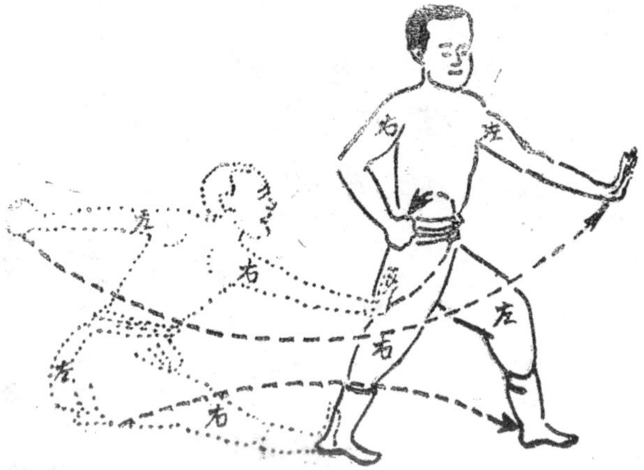

鬼蹴变指裆姿势图

第二十三势

名称：指裆变兽头

右足向前一步，右膝微曲，左掌变拳，扫向左后方；同时右拳扬起，向右前方劈击，复向左上撩，肘曲拳竖，虎口向右，拳心朝内，眼光前视。

方向：前东后西，右南左北。

指裆变兽头姿势图

第二十四势

名称：兽头变神拳

右足一提，向前跃进，左足随之向左前方跃进一步；同时右拳磕下，从右后方撩起前斫，肘曲向右，同时左拳由后下方直向前平方冲击，眼光前视。

方向：前东后西，左北右南。

兽头变神拳姿势图

第二十五势

名称：神拳变一条鞭

两足右磨，身腰右转，右拳由左向右格击，与右肩相平，左拳曲肘贴于胸前，眼光右视，身腰左偏。

方向：前南后北，左东右西。

神拳变一条鞭姿势图

第二十六势

名称：一条鞭变雀地龙

身腰向左转，左足左磨，右足向右前方，挺直支出，左腿下蹲；同时右拳随右足向前冲击，左拳变掌上格，向左后方扫击，眼光右视。

方向：前东后西，右南左北。

一条鞭变雀地龙姿势图

第二十七势

名称：雀地龙变朝阳手

右足向前，就势立起，左足向前，与右足并立，右肘屈曲，右拳贴置左胸下方；同时左掌用腕力前击，撩起直竖于左上方，掌指朝后，全体挺立，眼光前视。

方向：前东后西，左南右北。

雀地龙变朝阳手姿势图

第二十八势

名称：朝阳手变雁翅

右足向前一步，身腰左转，左右足尖左磨，蹲下成坐马势；同时右拳上挑由右外方斜砍向下，左掌成拳，由左上方向右前方直劈，离右肘约五寸许，曲肘停拳勿发，眼光右视。

方向：前北后南，左西右东。

朝阳手变雁翅姿势图

第二十九势

名称：雁翅变跨虎

左足向右足前方进一步，此时两腿成交叉形，右足复向右方横进一步，膝微曲，左足左磨，身腰右转向后；同时左拳上格，肘曲与肩相平，虎口斜对左脑后方，右拳上撩，向后下方砍击，上体左倾，头转后视。

方向：“胸”东南，“背”西北，“拳”右西左东，“足尖”指南，“腿”右东左西。

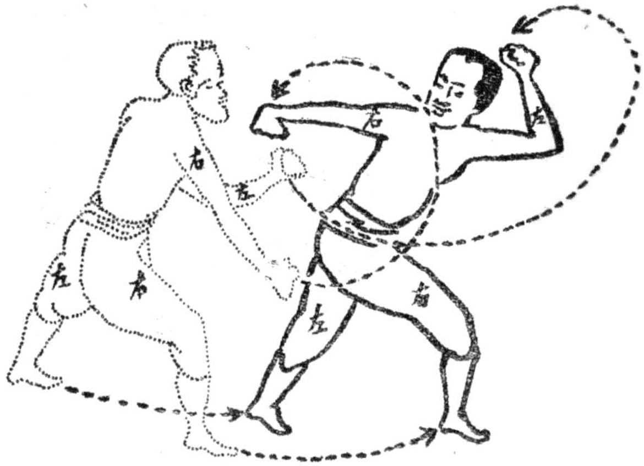

雁翅变跨虎姿势图

第三十势

名称：跨虎变拗鸾肘

右足向右横进一步，右手向上由胸前向右下方格击，肘微曲，拳向下；同时左足向右足前方一步，身腰右转，左拳由下直向右前方上冲，双肘均曲，眼光随拳前视。

方向：前西后东，左南右北。

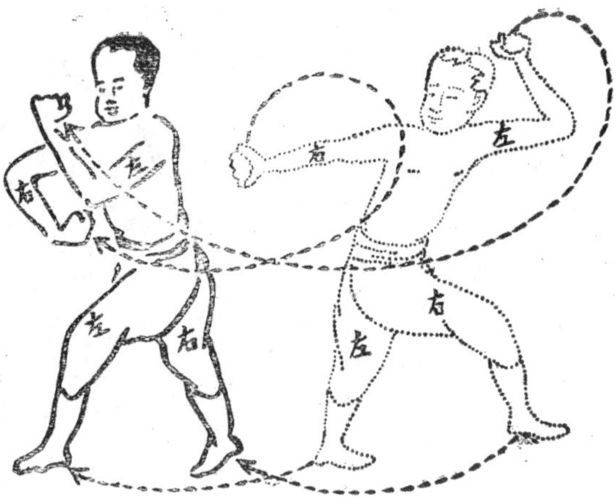

跨虎变拗鸾肘姿势图

第三十一势

名称：拗鸾肘变当头炮

左足向左后方横进一步，身腰左转，左拳随时向左后下方撇击，扬起挺臂竖置左上方，虎口向下；同时右足左磨，腿膝挺直，右拳向正前方冲击，眼光前视。

方向：前东后西，右南左北。

拗鸾肘变当头炮姿势图

第三十二势

名称：当头炮变顺鸾肘

两足右磨，身腰右转，蹲下成坐马势，右拳向右下方撇击，曲肘贴近右肋，左拳由左上方下冲，向右下方上挑，曲肘贴近右臂上部，眼光右视。

方向：前南后北，左东右西。

当头炮变顺鸾肘姿势图

第三十三势

名称：顺鸾肘变旗鼓

右足向左前方，横进一步，身腰立起，左足再由左后方向前一步，同时左拳向前直砍，曲肘收回，虎口迎肩。右拳随之前斫，收回曲肘，虎口朝上，眼光前视。

方向：前东后西，左北右南。

顺鸾肘变旗鼓姿势图

第三十四势

名称：旗鼓变立正

左足左磨，右足向前并拢，身腰左转，两腿挺直，两拳变掌，双手下垂，身体直立，成立正式，眼光前视。

方向：面北背南，左西右东。

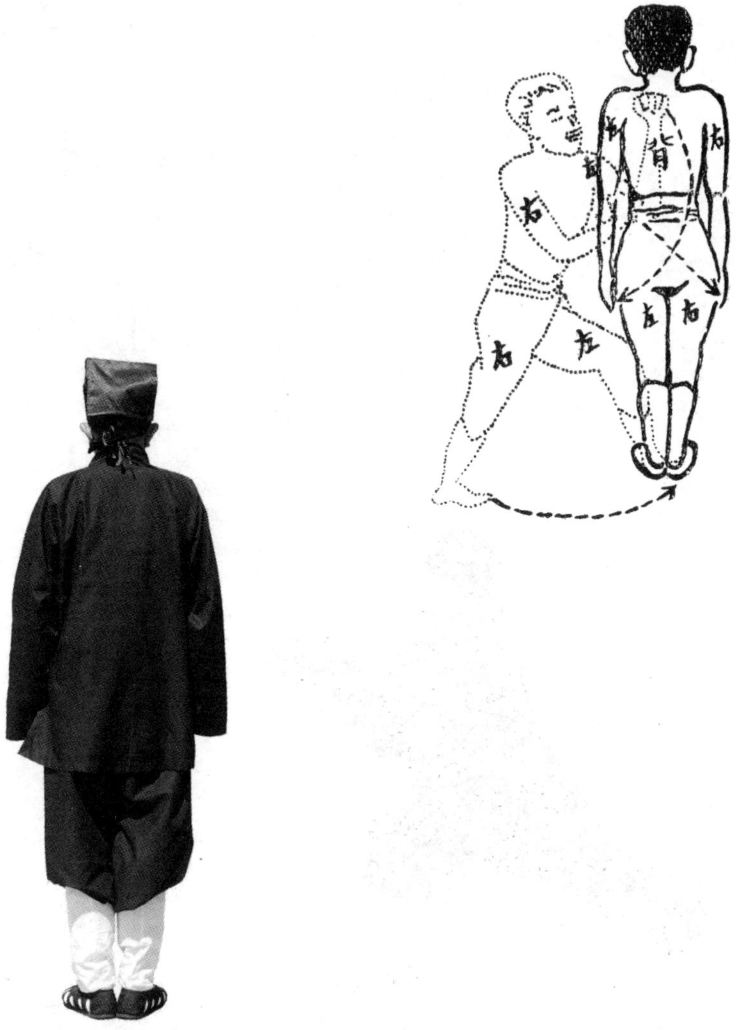

旗鼓变立正姿势图

第十三章　三十二势长拳下路图解

第一势

名称：立正变懒扎衣

左足向左半步，右足前进并立，身腰左转，面西向，左手作撩衣向后式，右手由右下方成拳上撩，与右肩相平，虎口与右耳门相照，眼光前视。

方向：“立正”面北背南，左西右东。“懒扎衣”面西背东，左南右北。

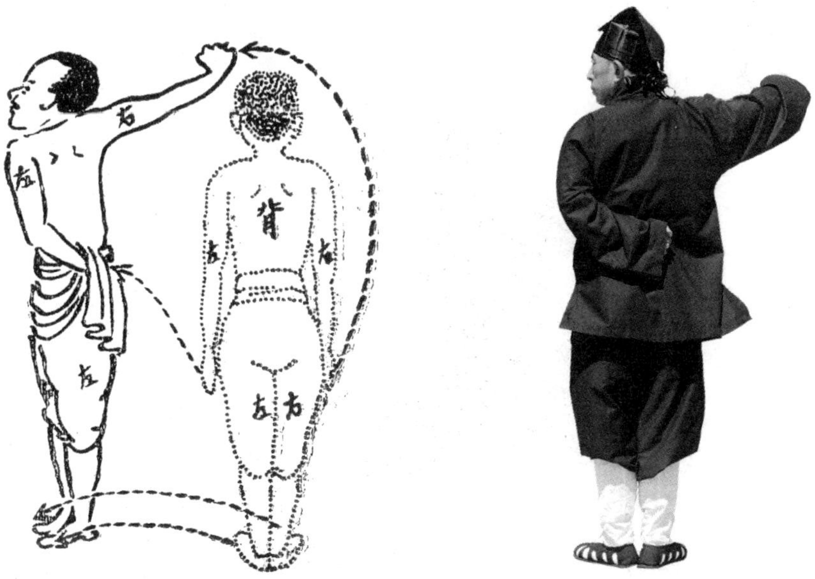

立正变懒扎衣姿势图

第二势

名称：懒扎衣变撤步

左足跃向前方半步，右步跃向前方一大步，同时右拳由右上方向前斜砍，探肩挺臂，身腰前倾，微偏向左，左手未动，眼光前视。

方向：前西后东，左南右北。

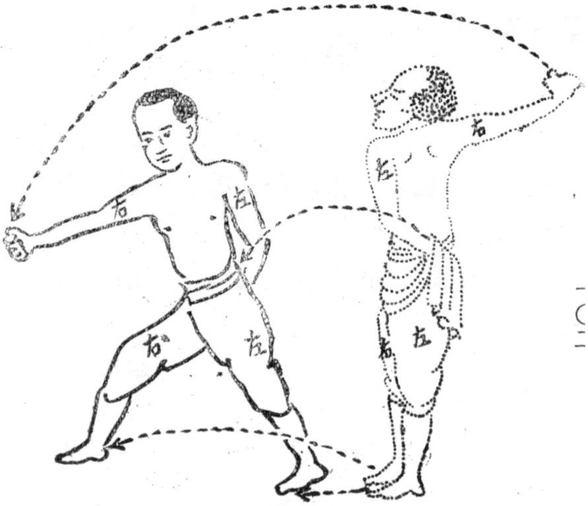

懒扎衣变撤步姿势图

第三势

名称：撤步变雁翅

左足向前一步，右足跟右磨，同时身腰右转，蹲身成马裆步，左拳向左前方撩冲，右拳由右后方向左前方下斫，曲肘勿落，虎口朝右，拳心与左胸相照，眼光左视。

方向：前北后南，左西右东，“面”朝西。

撤步变雁翅姿势图

第四势

名称：雁翅变高四平

右足由后向左外方进一步，左足随时向左横进一步，身腰立起左转，左拳由内上挑向左方直劈，右拳外撇抬与肩齐，两臂挺直，左臂微低，眼光左视。

方向：面西北，背东南，左西南，右东北。

雁翅变高四平姿势图

第五势

名称：高四平变鬼蹴

左足退后一步，曲膝坐落，身腰下蹲，同时右足向前挺伸，用足跟前蹴，左拳后扫，右拳变掌，掌跟着力，向前切出，大指在内，掌心朝左，眼光前视。

方向：前西后东，左南右北。

高四平变鬼蹴姿势图

第六势

名称：鬼蹴变井栏

右足向前落实，身腰立起，左足随时向前一步；同时左拳由后向前撩冲，肘角微曲，右掌变拳后掠，翻上向前，屈肘轧击，抬肘勿落，拳心向内，眼光随拳转视。

方向：前西后东，左南右北。

鬼蹴变井栏姿势图

<u>**第七势**</u>

名称：井栏变顺鸾肘

右足向左前方跃进一步，左足左磨，身腰左转，蹲下成马裆；同时右拳挑上向右前方下斫，曲肘向后，拳贴右腰，左拳由下外撇，翻上向右前方横披，曲肘匀落，拳近右臂，虎口朝上，拳背朝外。

方向：前南后北，左东右西。

井栏变顺鸾肘姿势图

第八势

名称：顺鸾肘变埋伏

左足向前跃进一步，右足再跃进一步，左跪右曲。身腰右转；同时右手由上前砍，向右后方劈击，左手由左后方翻上。向前直劈，复内挑向上，曲肘平肩，拳竖勿落，虎口斜对脑头顶门，头向右转，眼随拳视。

方向：朝南“足尖”指南，“身”向西南，“背”向西北，“左肘”向南，“右拳”朝北。

顺鸾肘变埋伏姿势图

第九势

名称：埋伏变兽头

左足前进一步，身腰左转，右足不动，左膝曲平，右腿挺直，成左弓右箭步。同时左拳向左后方下砍，右拳向前撩冲向上，曲肘朝下，虎口在右，拳心迎面，眼光前视。

方向：前南后北，左东右西。

埋伏交兽头姿势图

第十势

名称：兽头变抛架

步法不动，足尖同向右磨，身腰右转，左拳收回，曲肘当胸，拳贴右肋。同时右拳外转，向右外方抛击，肘臂挺直，拳心向下，眼光左视。

方向：前西后东，左南右北。

兽头变抛架姿势图

第十一势

名称：抛架变指裆

右足向左前方一步，身腰左足同时左转，左拳左格，曲肘向后，拳悬腰旁，拳心向上。同时右拳变掌，腕底用力向前下方撇击，眼光前视。

方向：前西南，后东北，右西北，左东南。

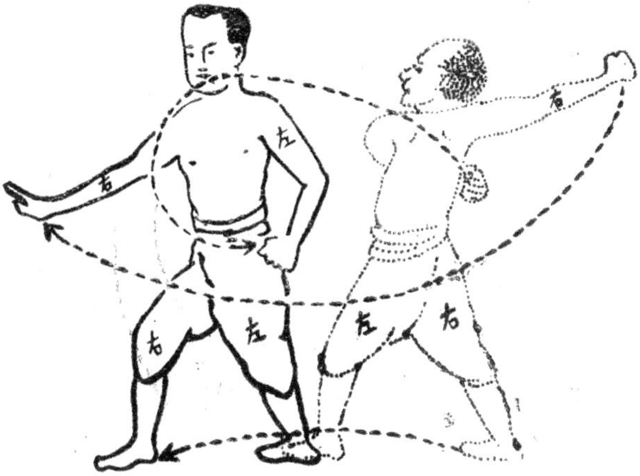

抛架变指裆姿势图

第十二势

名称：指裆变下插

左足向右前方跃进一步，身腰右足同时右转，成马步式蹲下，同时右掌成拳，与左拳一齐由右上方向左下方作双砍击，肘臂挺直，眼光前视。

方向：前西后东，左南右北。

指裆变下插姿势图

第十三势

名称：下插变雀地龙

右足向前一步，左足随时向左前蹴，挺直，右腿屈曲，身腰右腿蹲下，右拳变掌，向右下方撇击，左拳翻上，向左下方劈击挺直，眼光左视。

方向：左西右东，前北后南。

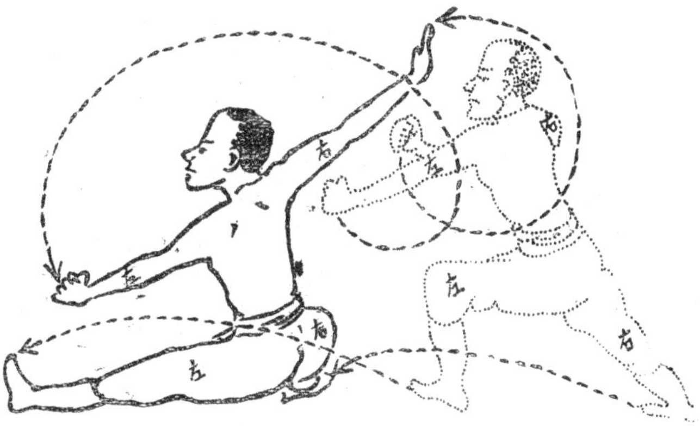

下插变雀地龙姿势图

第十四势

名称：雀地龙变悬脚

左足向前落实，右足向前踢击，同时身腰左足左转，左拳向左后方撇击，与肩抬平，右掌变拳向右前方冲击，双臂平肩，眼光右视。

方向：前南后北，左西右东，“面”朝西。

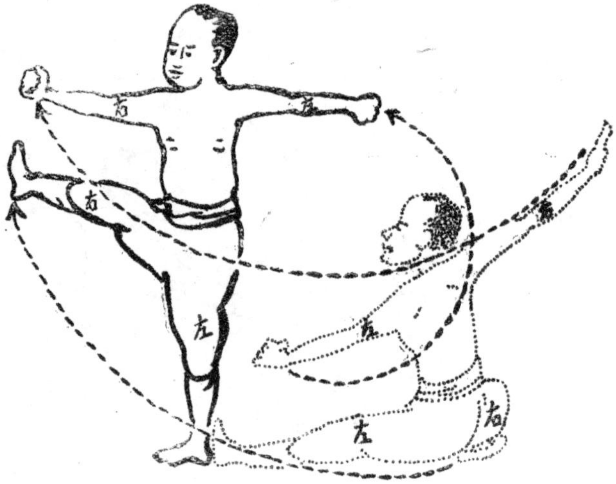

雀地龙变悬脚姿势图

第十五势

名称：悬脚变当头炮

右足落地，身腰右转，左足前进一步；同时右拳由外向上崩击，虎口朝下，左拳向左撩冲，肘曲拳竖，虎口朝内，眼光左视。

方向：前西后东，左南右北。

悬脚变当头炮姿势图

第十六势

名称：当头炮变倒插

右肘平曲，身腰右转，用右肘外部向后倒击，同时左右两足右磨，右膝屈，左腿直，成右弓式，左臂挺直抬起，眼光右视。

方向：前北后南，左西右东。

当头炮变倒插姿势图

第十七势

名称：倒插变朝阳手

身腰右转，右足右磨，左足向前并立，两腿挺直，右拳落贴左胁，右肘曲贴，左拳变掌由后下方向前撩托，直举左上方，成朝天式，五指向后，掌心朝上，眼光前视。

方向：前东后西，左北右南。

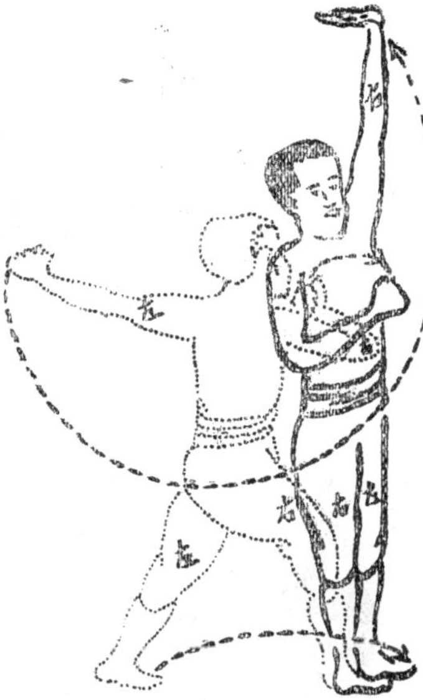

倒插变朝阳手姿势图

第十八势

名称：朝阳手变金鸡独立

左足向前一步，右足随之跃进悬起，足跟贴置步膝之旁，足尖向下。同时右拳向上拦格，环回曲肘仍贴胸前，左掌成拳由左外方向下上挑，环回屈肘斜竖于左上方，拳心向下，眼光右视。

方向：前东后西，左北右南。

朝阳手变金鸡独立姿势图

第十九势

名称：金鸡独立变垫肘

右足跃前落下，左足随之跃进，膝角微曲，成丁步式，身微右偏，右肘微抬。同时左拳由左上方向前劈击，左肘微曲，眼光前视。

方向：前东后西，左北右南。

金鸡独立变垫肘姿势图

第二十势

名称：垫肘变一条鞭

身步不动，右垫肘拳向后下方撇击，左拳下落，曲肘贴置腰部，眼光左视。

方向：前东后西，左北右南。

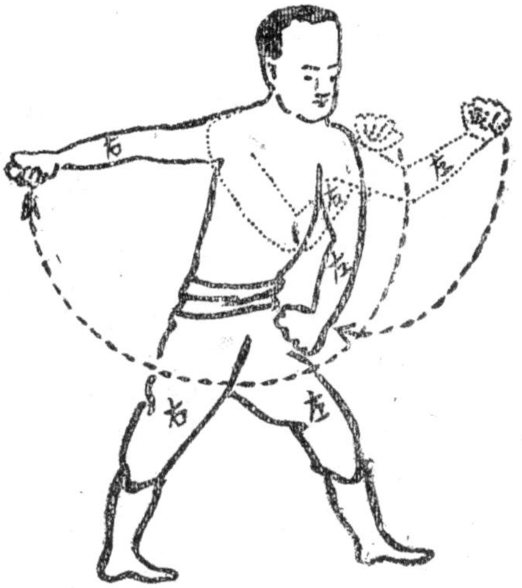

垫肘变一条鞭姿势图

第二十一势

名称：一条鞭变中四平

身腰右转，两足右磨，同时将左右两拳抛向左方，由下撩前，一齐向右方冲击，两肘曲抬，虎口朝内，身腰蹲下，成马步势，眼光随拳右视。

方向：前南后北，左东右西。

一条鞭变中四平姿势图

第二十二势

名称：中四平变擒拿

左足向左前方一步，右足再向左足前一步，成丁步式；同时右拳由右后方向前砍击，左拳随时由左后方向前磕击，曲肘勿落，眼光前视。

方向：前南后北，左东右西。

中四平变擒拿姿势图

第二十三势

名称：擒拿变倒骑龙

左足向前一步，身腰向左扭转，眼光后视；同时左拳由下翻上，向左后方倒扎，右拳由右外方斜劈，曲肘贴置胸前。

方向：前东后西，左北右南。

擒拿变倒骑龙姿势图

第二十四势

名称：倒骑龙变邱刘

左足向左一步，右足再向左足前一步，腿膝微曲；同时左拳由右上方下格，向左上方上冲，右拳曲肘贴置右胁，左腿挺直。眼光前视。

方向：前东后西，左北右南。

倒骑龙变邱刘姿势图

第二十五势

名称：邱刘变七星拳

左足向前一步，右足再向左足前方一步，两腿成交叉式。同时左拳由下后撇，由上向前直斫，肘曲勿落，虎口迎肩，右拳由右后方向左前方斜砍，曲肘贴胸，拳竖勿落，眼光左视。

方向：前东后西，左北右南。

邱刘变七星拳姿势图

第二十六势

名称：七星拳变拗鞭

左足向左横进一步，右足再向左外方横进一步，仍成交叉式。同时左拳向下，由胸前挑上向左前方砍击，右拳向右后方扫击，身腰左偏，眼光左右顾视。

方向：前东北，后西南，左西北，右东南。

七星拳变拗鞭姿势图

第二十七势

名称：拗鞭变伏虎

左足向左前方一步，曲膝蹲下，右膝前跪，身腰右转，左拳内砍，撇向左下方撩起，肘角抬平，拳竖朝上，拳心向外，右拳由内上挑，向右后方平轧头转向后，眼光右视。

方向：前北后南，左西右东。

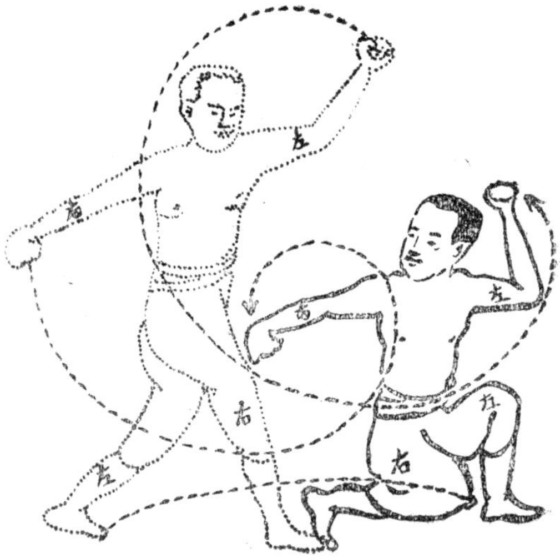

拗鞭变伏虎姿势图

第二十八势

名称：伏虎变旗鼓

身腰立起，眼光左视，右足跃进一步，左足随时向前跃进，左膝微曲。同时左拳由内下砍，撩前上冲，曲肘向下，拳与头平，右拳由下向前平冲，肘角微曲。

方向：前北后南，左西右东。

伏虎变旗鼓姿势图

第二十九势

名称：旗鼓变神拳

右足进前一步，腿膝屈曲，成右弓左箭步。同时左拳下格由左外方挑起，曲肘贴胁，右拳由右后方翻上向前直劈，眼光前视。

方向：前北后南，左西右东。

旗鼓交神拳姿势图

第三十势

名称：神拳变拗鸾肘

身步不动，左拳抬肘向下磕击，右拳曲肘由内向上拗格，右拳遥对左肩，虎口朝上，左拳遥对右肘，拳心朝内，眼视前方。

方向：前北后南，左西右东。

神拳变拗鸾肘姿势图

第三十一势

名称：拗鸾肘变跨虎

身腰左转向后，两足左磨，左膝屈曲，眼视左方。同时左拳随势反上撇击左后方，头向后转，同时右拳随势向左下方斜砍，挑上曲肘平肩，竖置右上方，拳心朝外。

方向：前南后北，左东右西。

拗鸾肘变跨虎姿势图

第三十二势

名称：跨虎变探马

左足向左后方斜退一步，身腰左转，右足再向左足前方一步，左膝屈平。同时左拳向上由右下方向左上方冲挑，右拳由上下格，曲肘向后拳贴右腰，眼光前视。

方向：前东北，后西南，左西北，右东南。

跨虎变探马姿势图

第三十三势

名称：探马变立正

身腰左转，右足左磨，左足向前并立，两腿挺直，同时左右两拳变掌落下，紧贴腿旁，全体直立，眼视前方。

方向：前北后南，左西右东。

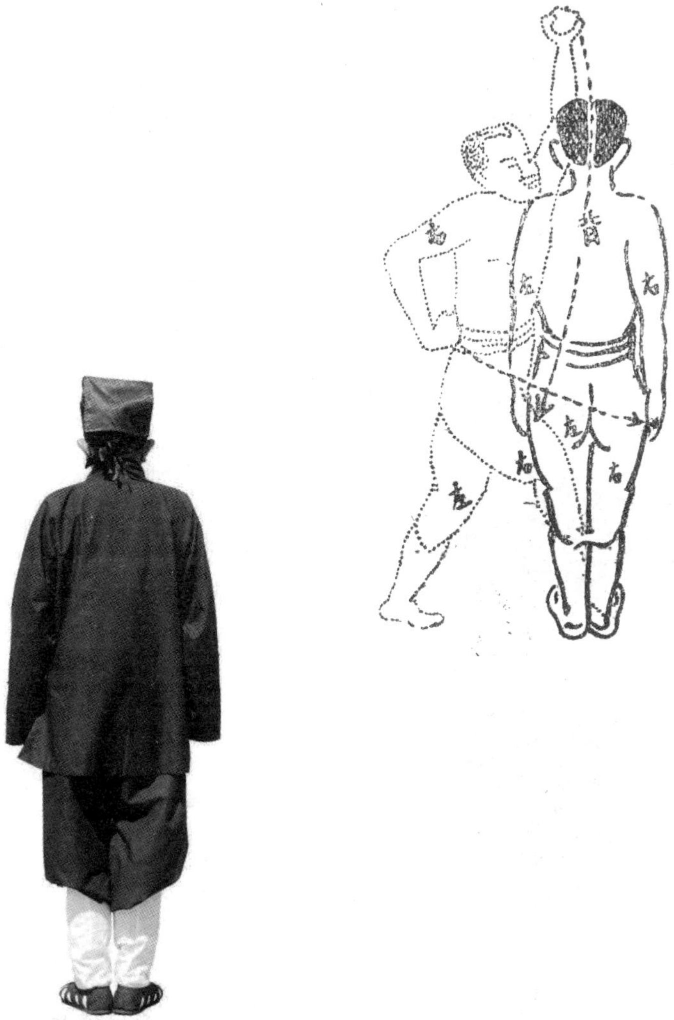

探马变立正姿势图

第三十四势

名称：立正变收手

左拳为拳台，抬与肩平，右掌做半合掌，置于左拳第三骨节上，推拳连臂作半弧形，眼光前视，是为收手礼式。

方向：前北后南，左西右东。

立正变收手姿势图

结　论

本篇既成，林师见之笑曰：“三十二势长拳，汝所得者仅此而已乎？然犹未尽余意焉。今汝第一路系将三十二势连成一气，第二路系错落支配，尚无程序。六十四着不足以称长拳，三十二势变动亦不止此，以余所知，一着能变三十一势，共得九百九十二势。若加起手收手二势，可成一千零二十四势；若以三十二势分为四套，将第一着与第九着连，第九着又与第二着连，第二着又与第十着连，第十着又与第三着连，第三着又与第十一着连，第十一着又与第四着连，第四着又与第十二着连，第十二又与第五着连，第五着又与第十三着连，第十三又与第六着连，第六着与第十四着连，第十四着又与第七着连，第七着又与第十五着连，第十五着又与第八着连，第八着又与第十六着连，此为一套中一路之一段，犹有未尽。若再变第二路二套二段拳势时，即将第九着变第十七着，第十着变第十八着，第十一着变第十九着，第十二着变第二十着，第十三着变第二十一着，第十四着变第二十二着，第十五着变第二十三着，第十六着变第三十四着，如此推行，由第十七着变第二十五着起，终至第二十四着变第三十二着止。再行翻上，第二十五着变第一着，至第三十二着变第八着止，又是一段。若再照上翻变姿势，将十六着变九着，九着变第一着，颠起倒插周而复始，循环交化，无休无已共得一千零二十四姿势。其中手法脚法，随心变换，前后左右，更调随便，姿势虽同，而手法各异。余所知如此，汝宜志之于后举一反三，后之阅者，或不以余言为多事。”余默想余师之言，心领神悟。昔金圣叹以佛经比易经，八八六十四卦，谓六百卷般若经为乾卦，四十卷涅槃经为坤卦。吾师所云，是亦由卦爻变象而得其法。圣叹又云：“达摩大师用条短秤，一喝便了，六十四卦，钉作长秤，花拳绣腿，一路短打，又手松脚快，捉摸不定，大易之文也。”（见圣叹全集）阅此更与吾师所云，左右前后，随心变换一语，完全符合。吾师之拳，殆亦大易之文欤？

昔苏东坡问乐工曰：“余词与柳学士词相较若何？”乐工云：“柳学士词须用妙龄女郎，檀板红牙，唱晓风杨柳。公之词，须用关西大汉，铁板铜琶，唱大江东去。”余编六通短打时，但觉左缠右绞，旖旎柔情，犹吟学士之词。编者本编时，遂觉横披直砍，慷慨淋漓，如唱坡公之曲。短打与长拳之分，岂即在于此欤？世有谓索靖草书曰：银钩虿尾，余以小架之拳，仿佛似之。世又语黄庭坚之字，长撇大捺，余以大架之拳，仿佛似之。蔡邕书法，如星流电转。斯语也，更不啻为长拳家之写照，以书法比拳法，更切当而不可移也。

续文献通考，谓使拳之家十一曰：赵家拳（即宋太祖之三十二势长拳）、南拳、北拳、西家拳、温家钩挂拳、孙家披挂、张飞神拳、霸王拳、猴拳、童子拜观音拳、九滚、十八跌、打拙拿。又有眠张短打破法、九内红大下等破法、三十六拿法、三十六解法、七十二跌法、七十二解法、一百三十教师相传，永臻妙际云云。此皆吾国之国粹，惜已飘零散失，间有知者亦知而不全，一俟稍有余暇，用再探微索隐，留心采辑，从事编纂，俾留勿没。